如何在课堂上使用反馈和评价

[英] 麦克 · 格尔森（Mike Gershon）著

HOW TO USE FEEDBACK AND MARKING IN THE CLASSROOM:

The Complete Guide

中国青年出版社

图书在版编目（CIP）数据

如何在课堂上使用反馈和评价 /（英）麦克·格尔森著；何嘉琦译.
—北京：中国青年出版社，2024.2
书名原文：How to Use Feedback and Marking in the Classroom: The Complete Guide
ISBN 978-7-5153-7171-9

Ⅰ.①如… Ⅱ.①麦… ②何… Ⅲ.①课堂教学—教学法 Ⅳ.①G424.21

中国国家版本馆CIP数据核字（2024）第010178号

如何在课堂上使用反馈和评价

作　　者：[英] 麦克·格尔森
译　　者：何嘉琦
责任编辑：肖妩嫔
文字编辑：吴亦媗
美术编辑：杜雨萃
出　　版：中国青年出版社
发　　行：北京中青文文化传媒有限公司
电　　话：010-65511272 / 65516873
公司网址：www.cyb.com.cn
购书网址：zqwts.tmall.com
印　　刷：大厂回族自治县益利印刷有限公司
版　　次：2024年2月第1版
印　　次：2025年1月第2次印刷
开　　本：787mm × 1092mm　1/16
字　　数：142千字
印　　张：12
京权图字：01-2022-6542
书　　号：ISBN 978-7-5153-7171-9
定　　价：49.90元

致谢

感谢一直以来和我并肩奋斗的工作人员和学生们，尤其是来自皮姆利科学校（Pimlico Academy）、爱德华国王六世学校（King Edward VI School）以及圣埃德蒙学校（Bury St Edmunds）的工作人员和学生们。我还要感谢所有参与我培训课程的教师和助教，从他们身上我得到了许多有关教学实践的出色见解，十分感谢！

目录

CONTENTS

第一章

为什么教学反馈与教学评价很重要

CHAPTER 1

什么是教学反馈

课堂反馈是这本书的核心，正如它也是学习过程的核心一样。有了反馈，学生们得以获得进步、学习和提高所需要的各种信息。同时，反馈也是教师用来将自己的专业知识技能传授给学生的一种方法，从而弥合师生之间的思维差距。教师的思想中充满了大量知识、领悟和专业技能，而学生们的思想中则欠缺此类内容。教学反馈就是教师将自己的知识理解和专业技能迁移到学生的思想中的方法之一。如果学生有机会使用、思考并且实践这些迁移而来的知识，那么这个迁移就算得上是非常成功的。

教学反馈会影响学生接下来的学习。教学反馈其实是由教师提供的专业信息，而这些专业信息是学生们很难独立获得的。通过教学反馈，教师帮助学生确定他们的努力方向，改善他们的思维，并改变他们参与学习活动的过程。

当然学生也可以给自己提供反馈，其实很多学生都这么做。例如，一个学生可能会尝试一项任务，然后把最后任务完成的结果与他们想要的结果进行比较，从而做出改变。再或者，一个学生可能要完成一个有难度的任务，于是他就去读了一篇关于以该任务为主题的文章，以加深自己的理解。但在这本书中，我们的重点主要是来自教师的反馈以及教师如何通过反馈和评分来给予学生一定的支持，帮助他们取得学业上的成功。

这就是我们书中要探讨的内容。我们的目的并不是要否认学生自身反馈的效果或学生反馈的存在。相反，我们要关注的是教师所能做到的、能最大限度地提高教师自身影响的事情。而且，这里面隐含着这样一种认识：教师提供的教学反馈是学生自己可能很难获得的。为了说明这一点，请想象一下你教的一个班级，如果让学生们自己给自己提供学习反馈，有多少学生会找到方法来给予自己反馈呢？就算他们能给自己反馈，那么这种反馈的质量会达到什么程度？现在，将学生自己的反馈与你在一节课上提供的专业反馈相对比，或者通过给学生们的练习评分来对比教师和学生对学习情况的认知。这两者之间的差异极其显著。

这样一想，我们就能明白为什么反馈是教学的一个核心特征。因为它是教师指导学生的手段。尽管教学反馈与传授的知识内容紧密相关，但是二者的作用还是不同的。毕竟，如果学生们没学到一些东西或没学到如何做一些事情的方法，那给他们提供反馈就变得更难了。因此，反馈需要一个主题。反馈必须要有确定想要传达的内容或者试图解决的问题。

不过，让我们退一步，考虑一下教学反馈在更大范围内的功能。

想象一下，你工作了一天后回到家。冬天就要来了，温度下降了。一进家门，你就立即打开了中央暖气。慢慢地，房子开始升温。过了一个小时左右，暖气自动关闭。为什么呢？因为你有一个自动温控器，温控器能测量特定房间的温度，并在温度达到或超过你设定的温度时关闭。就这样，室内温度逐渐达到你理想中的温度，且不会继续再升高。

现在考虑一下当你的自动温控器失灵了会发生什么情况。这个房子可能会变得越来越暖和，而中央暖气只有在你亲自干预时才会关闭。或者如果你不去手动设置温度，房间就可能永远不会变暖。

有了温控器驱动的供暖系统，反馈就开始发挥作用了。这是一种最基本的反馈——这个例子中是温控器所在房间的热量。温控器通过温度传感器来识别屋内温度，并做出相应的反应。

从更广泛的含义来看，这就是我们对反馈的定义，即来自环境的、表达正在发生的事情的信息。

课堂上的反馈与这一定义有一些共同点，但是必然要比温控器的反馈复杂得多。

当我们把反馈作为教学的一部分时，我们向学生提供有关他们学习情况的信息。传统上，这些信息包括他们做得好的地方，以及他们需要改进的地方。在这里，我们看到课堂反馈的一个特点，就是课堂中的反馈往往是有指向性的。这意味着，课堂反馈倾向于告诉学生一些他们学习中正在经历的事情，而同时，这样的做法也是在传递一个信息，即他们可以改变、拓展和改善目前正在发生的事。

这与我们的中央加热系统中的反馈不同。那里的反馈更多的是一种简单粗暴的功能——拨动一个开关。将加热系统的状态从开变成关，反之亦然。

在课堂上，反馈能够帮助教师实现更高的教学目标，这也是教师所有工作的动力。教师所有的工作都是为了帮助学生学习。使用反馈也是支持学生学习的一种方式。在理想情况下，应该把反馈当作一种方式来最大限度地提高学生们的学习效果。相比其他方式，反馈能够帮助学生取得更多进步，并促使学生进行更深入的思考和学习。

为了更好地理解有效教学反馈的影响，让我们想象一下，如果没有教学反馈，学习会是什么样子？

无反馈的课堂 vs 有反馈的课堂

我们中的许多人在没有教师反馈的情况下学习。例如，此刻我正在阅读一本主题我不太熟悉的书。通过阅读这本书我正在自学。不需要教师，也没有任何来自教师的反馈。

我相信你在生活中会独立学到很多东西。在这些学习的过程中没有除了你自己之外任何人的干预。事实上，如果你此刻正在读这本书，很可能是你自己在读，那么你就是在没有教师反馈的情况下学习。也没有教师在旁边传达给你一些信息来指导你或改善你对这本书内容的思考方式。

如果对学习过程来说，反馈不是必需的，那么为什么大家仍然认为反馈很重要呢？你又为什么决定购买这本书来了解更多关于教学反馈的知识呢？为什么各种主要的教育研究的元分析[①]在谈到有效的教学和学习干预措施时，一直都把教学反馈放在首位呢？

我们可以通过设立一个教师不提供任何反馈的教室情景来思考上述这些问题的答案。在这样的教室里，教师不向任何学生提供任何反馈信息，即不告诉他们在哪些方面做得好，哪些方面做得不好，以及学生们应该如何改善他们的学习过程。

在这间教室里，教师的任务是来到这里教完课后就可以离开。他们批改学生的作业，但不提供任何学生们学习的反馈，也许除了那些以分数、水平或等级的形式做出的总结性回应。但或许他们甚至连这些回应都不提供。

那么，学生们应该在哪里找到自己学习的方向呢？第一，他们与教师的互动受到了严重的限制。教师所提供的大部分反馈都是以口头形式呈现的。如果反馈被排除在我们的假想课堂之外，那么教师与学生的互动就不

---

① 参见由布莱克等人合著的《学习的评估》（*Assessment for Learning: Putting it Into Practice*）、约翰·哈蒂所著的《可见的学习》（*Visible Learning*）和希金斯（Steve Higgins）、科科察基（Dimitra Kokotsaki）和科埃（Robert Coe）合著的《教育资助基金会教学与学习工具包》（*The Education Endowment Foundation Teaching and Learning Toolkit*）。

会像我们习以为常的那样呈现了。第二，对学生来说，他们对自己现阶段的学习状况和前方的学习目标十分模糊。他们要自己判断自己当前的学习方式和方向是否正确。如果他们想追求任何学习目标，就必须给自己设定目标。第三，没有了反馈，教师的专业知识仍然紧紧锁在自己的大脑里。学生们没有机会得到教师大脑里的专业知识，因此学生们不能把这些知识作为自己思维的一部分。同时学生们也不能运用这些专业知识来指导自己的努力方向。

简而言之，无反馈的课堂缺少大量的内容。没有了教师的反馈，课堂变成了一个知识技术如此稀疏的场所。本应更为丰富的内容丢失了。教学内容确实传达给了学生们。但除此之外就什么都没有了。

现在我们将这个教室与另一个教室进行比较——我相信这个教室情景大家更为熟悉。

在我们的第二间教室里，教师来教了一节课，然后离开。但在上课过程中，教师在班级里走来走去，与学生们交谈，给他们提供反馈，提出建议。教师树立正确的榜样，提供学习方式，并提出一些问题。也许教师也会在某些时刻停下来，向全班同学们提供一些共性的反馈，重新讲授一遍大家难以掌握的要点。

在批改学生作业时，教师会给出形成性评价。也就是说，学生在这类评价中会得到关于他们学习中的优点以及他们如何改善自己学习状况的信息。最后，教师花费时间进行教导，让学生可以朝着自己的目标努力。在这段教导时间里，教师把几个学生叫到班级前面——这些学生是教师事先确定好的学生——并与这些学生进行深入交流以帮助他们理解教师最近的反馈意见，包括这些反馈意见的具体内容以及如何将这些反馈应用于实践。

相比之下，第二间教室的内容比第一间教室多了很多东西。师生互动更丰富、更详细，且与学生学习过程的联系也更紧密。教师积极寻找机会给学生们反馈——将专业知识从他们的头脑中迁移到学生的头脑中。评分则可以用来帮助学生理解好的学习究竟是什么样子的，并为他们提供明确的方向，告诉学生们未来的努力方向以及应该如何努力。

第二间教室里的实践更丰富。这种教学实践能更好地利用教师的技能、知识、理解和专长。通过这种师生互动的经验，教师希望学生能取得进步。虽然基本证据已经告诉我们，教学反馈是有效的，但我们也可以通过这样的思维实验来推导出这个事实。

最后一点，考虑一下学生从5岁到18岁所经历的过程。在一个理想的世界里，随着学生们在教育系统中渐渐拾级而上，他们会有越来越多的教师，这些教师在特定的科目上也越来越专业。例如，一个小学教师必然是许多学科的专家，包括一些高度具体的主题。但他们在某一学科的专业知识一定受到限制，因为小学教师们在更大程度上承担着通才教师的角色。另外，符合人们期待的是，特级教师需要在某一特定科目上有高水平的专业知识，并且可能在该科目上有特定的专长。

随着孩子们在教育系统中的逐步发展，学生们所接触到的反馈也会变得越来越专业。他们在11岁时从教师反馈中获得的专业知识，与他们在17岁时从教师反馈中获得的专业知识是不同的。同样，想象一下，如果一个孩子从5岁到18岁的学习成长过程中，从来没有收到过任何教学反馈，从来没有接触过任何专业知识，对这样的学生来说，学习通常会困难得多，可能也很难取得优秀的成绩。所以，反馈的潜在影响力是巨大的。

学习评价与评分

学习评价是一系列教学策略、教学活动和教学方法总体的名字，其中形成性评价是其核心特征。形成性评价是指教师向学生提供关于他们学习的信息。学生们可以利用这些教师反馈的信息来了解哪些是积极的、可以继续坚持的，以及需要做什么来提高自己的学习效果。这与总结性评价不同，总结性评价是对学习的总结，并且它对学习成果的相对性评价是通过等级、分数或水平来表达的。

我们可以从以下三方面了解学习评价：

- 获得和使用信息
- 给予形成性反馈
- 公示成功标准

有些人可能会对这种提法提出异议，但我坚持认为这是一条可供任何教师使用的合理规则。

这种评价方式是从原始研究中发展出来的，也可以将其看作一个循环。教师获取学生学习情况的信息，然后利用这些信息来打造自己的课程并且给予学生们反馈。接着，他们把成功标准公示给学生们，并且给学生机会来实践教师下发的反馈。教师做到这一点后，就可以获得新的学生学习情况的信息，并利用这些信息持续为今后的教学计划和教学反馈提供依据。该循环就像这样进行下去。

从这个角度看，学习评价可以成为一个持续改进和发展的过程，因为它将教师置于一个教练的角色。而且学习评价贯穿整个教和学的过程。

评分在学习评价中起到核心作用，它是教师获取学生学习信息最重要的方式之一。本书第三章、第八章主要围绕评分这一核心评价方式展开，以更细致、具体地阐释如何更好地进行学习评价。

解锁专业知识

现在让我们回到我在整个介绍中的一个观点。我们必须更深入地理解专业知识和反馈这两个概念。在很大程度上，反馈就是让学生可以接触到你的专业知识的一个过程。通过这个过程，你释放了你的专业知识，这样学生们就可以接受它，使用它，使之成为自己认知的一部分。这样一来，学生们就可以从中学习。

背后的逻辑是这样的：在课堂上，从知识和理解程度上来说，教师和学生并不平等。教师是专家。这就是他们会站在讲台上的原因。这也是他们有资格从事教学工作以及为什么他们要承担课程设计和传递知识的角色的原因。

这个观点明明显而易见，但人们却经常忽视。许多教师将期望课堂上的平等等同于认为我们在所有领域都是平等的。

这其实是一个对事实的误解。因为课堂上的平等是指所有学生都有平等的学习权利，每个学生都有受到尊重，并被视为独立个体的权利。很少有人会就这个问题展开争论。但这并不意味着教师和学生是一样的。教师和学生并不一样。这两个角色之所以存在正是因为他们不相同。这种差异正是他们作为教师的特殊需要。

学生们之间有时会互相教导，有时可能会作为同伴角色互相提供指导，还可能会参与同伴评估（这三种活动确实都有效），但这些活动没有也不可能完全替代教师的角色。如果认为这些活动可以替代教师（意味着这些活动需要在所有问题上都与教师的作用等同），那显然是错误的。

教师是专家。他们的专业知识不仅包括他们教授的课程内容，还包括他们拥有的其他更广泛的文化知识，比如他们对教学和学习的理解，他们对与课堂相关的心理学知识，以及他们对所教学生的了解。

所有这些专业知识是将教师与学生两个角色区分开来的原因，也是将教师置于教学地位的原因。正是有了这些专业知识，教师才能够去教书，并且教得足够好。一个充分了解课程的教师，对文化有广泛的了解，对教学和学习了如指掌，对课堂涉及的心理学有深入的了解，并且能够真正了解自己的学生们，这样的教师有着让人难以置信的强大力量，他们可以有效地进行教学活动。而这些教学活动也包括定期给学生提供良好的反馈。

当我们给学生反馈时，我们提供的信息包括关于学生们正在做的活动以及他们可以做的活动。我们通过评分，或者通过观察、询问和听取来获取学生们的学习信息，然后我们根据所获得的信息再有针对性地提供反馈。这意味着我们要做出类似如下的判断：我现在对这个学生的学习情况了解多少呢？作为教师我可以据此提供哪些有用的信息来帮助学生们呢？

在回答上述问题——或者说提供相关反馈时，作为教师的我们会参考我们自己的专业知识，然后在此基础上向学生提供反馈信息——以学生们能够理解并且能够使用的形式提供给他们。

例如，一个数学教师利用自己在数学方面的专业知识来提供相关的、有意义的和有用的反馈。他可以利用自己对学生的熟悉程度来调整这种反馈，使学生们能够很好地接受这些反馈。他们还可以利用自己在课程方面的专业知识来将教师要求学生进行的下一步尝试和对学生们今后的帮助这两者联系起来。

对我来说，把教学反馈看成是释放你的专业知识，这样做非常值得推荐。首先，教学反馈能够提醒你，你是一个教育方面的专家，你的专业知识是有价值的，你可以用教学专业知识来塑造并指导学生的努力方向。其次，教学反馈还能表现出教学更广泛的功能是使学生们越来越接近教师的水平，甚至帮助学生们超越自己的教师。这一点在那句老话中得到了很好的概括：青出于蓝而胜于蓝。为什么青能胜过蓝？因为教师的专业知识不再比学生们自己的高明，他们的水平几乎是等同的，或者说学生的水平已经超越了教师的水平。

最后，这使你在提供教学反馈时有了一条可以参照的经验法则，它适用于各种情况，无论是在提供书面还是口头反馈时。你可以经常向自己提问：我怎样才能确保这个反馈让学生获得我的专业知识？在问这个问题时，你要思考你的专业知识和技能，这与你手头的事情关系最紧密。你同时也要提醒自己，教师的工作就是要将这些专业知识转化为学生能够理解的东西。

在我看来，这就是有效教学反馈的本质。

收集学生学习信息

收集学生学习情况信息是给予良好教学反馈的一个重要组成部分。如果教师不能准确了解学生们的情况，就很难提供与之相关的教学反馈。如前所述，我们可以通过多种方式收集有关学生学习情况的信息：通过观察、倾听、提问和批改学生作业等方式。在本书中，我们的重点是反馈和评分，因此我们会将研究主要集中在评分在收集学生信息方面的作用，同时注意这也是书面反馈的主要形式。说到这里，我并不是打算建议大家放弃其他收集信息的方法而只采用评分的方式。我想表达的远非如此。

一个教学效果真正好的教师可能会把与学生的所有互动都当作收集学生学习情况的机会。这样的教师会在课堂上使用一些迹象和信号来调整他们的教学策略、课程内容和他们的行为，以及他们所给出的教学反馈。

例如，一个有效率的六年级教师可能会仔细观察不同学生对午休后的课程中难度升级的挑战的反应。他非常了解自己的学生，会进一步根据他看到的和听到的来调整教学计划。同样，一个有效率的高中体育教师可能会仔细观察不同学生是如何进行热身练习的，然后利用在热身练习中所获得的信息来调整在课程后半部分为这些学生所设定的单独任务和学习目标。

这些例子都说明了收集信息在学习评估循环中起到的作用。回到反馈和评分的问题上，我们可以说，一个能够完全控制教学反馈的教师——对输出反馈驾轻就熟，同时能够以适合自己和学生的方式使用反馈，这样的教师几乎总能收集必要的信息以做出正确的判断。

例如，他们规划评估时可能会有明确的意图，就是揭示出对教学有用的信息。这听起来很明显，但有多少教师在规划评估时仅仅是将其视作一个主题的结束活动来做的？在一个精心策划的评估中，教师应创建一个任务、一系列的任务或一组问题，然后通过这些任务和问题来获得他们认为对教学反馈最有用的信息。教师在这样做时非常清楚他们想要获得的是信息，也正是这些信息可以让教师给学生提供最优质的教学反馈。

这里一个常见的好例子是关键性问题提问。这是一种简短的课内评估方式，教师在课程中提出一个针对学习内容的关键性问题，如果学生答对了问题，并且能够说出理由来支持他们的答案，那么他们就可以继续学习。如果他们做错了，或者对于自己的答案不那么确定，那么，这就向教师发出需要采取进一步行动的信号了。在规划关键性问题时，教师首先要确定当节课学习中重要部分的关键内容，然后提出一个既能引出正确答案又能引出错误答案的问题。让错误答案暴露与获得正确答案一样重要。

只有当教师辨别出犯错的情况时，他们才可以进行干预，以帮助学生解决问题——解决问题通常是通过向学生提供教学反馈的形式进行的。

良好的教学反馈建立在对学生学习情况的准确判断上。这一原则也是本书的核心。你可以把它看作另一条经验，它可以用来帮助教师在计划、教学和评估过程中做出决定。甚至在批改作业时，你也应该首先想到这条经验。如果你没有获得你想要的信息，那么这就是教学中的一个问题。这意味着你可能需要改变教学任务的结构，或者是你的学生并没有充分参与到学习过程中去。

一旦你确定了问题的原因——无论是什么原因——你就一定可以做些什么来解决问题。而且，通过做出积极的改变，你能获得更好的、你所需要的信息。这反过来也意味着你可以提供更好、更贴近学生需求的教学反馈。

维持目标感并确定努力方向

反馈是维持学生的目标感和给学生确定努力方向的一个非常有效的方法。让我们回到刚才的两个想象中的教室场景。一个是没有任何教学反馈的，另一个则是反馈起着核心作用的。

在第一间教室里，教师除了布置学习任务和提供学习内容外，并没有试图帮助学生确定他们的努力目标。第一间教室的教师可能会提供一些宏观解释，说明为什么努力学习很重要，为什么学习的主题很重要等，但这些表达并没有相应的个性化教学干预或具体的学习目标来提供支撑。有些学生对这一点比较满意，尤其是那些自我效能感强的学生。但是，即使是这种类型的学生也会蒙受损失，因为教师的专业知识并没有帮助他们更好地维持目标感和确定努力的方向。

培养学生的独立性固然重要，但这不意味着不使用教师所掌握的最有力的教学工具。

现在让我们来看看第二间教室。在这间教室里，我们发现所有的学生都有一个共同的目标，教师也会给学生时间去争取实现这一目标。我们还看到教师在整个课程过程中不断地在教室里走来走去，给学生们提供教学反馈，以支持学生改进他们的学习。在这个课堂上，教师通过教学反馈来影响学生的行为和想法，包括学生们的目标是什么，学生们认为什么是重要的，以及他们是否有足够的动力去实现目标。

其实一个很好的例子是把有目标的学生和没有目标的学生进行比较。想象一下，我们在学优班的一堂社会课上——我有过类似的教学经验。学生A的目标是："你要在你文章的主体部分加入更多的评论。在描述完与题目相关的关键理论或研究后，要对其进行评判，并强调其优缺点和局限性。不要惧怕对比不同的理论或用一项研究来批判另一项研究。"

而学生B没有任何目标。

那么，就目标和努力而言，这两个学生在写下一篇文章时，会发生什么情况呢？

学生A从教师那里得到了有用的信息，即教学反馈。他们可以利用这些信息来指导自己的努力，因为他们知道成功执行目标就会帮助自己获得提升。他们有一个为之努力的目标，而以目标为导向的行为往往是持续动力源的一个特征。此外，这种类型的反馈可以培养学生的一种内在动力。这种动力让学生们意识到他们可以控制自己的发展和成长（用成长型思维的术语来表达，就是学生们能够专注于内在的学习目标而不是外在的学习表现）。

学生B没有从教师那里得到有用的信息。他没有收到任何反馈，但是他可能仍然会有高标准的表现。因为有一些人可能会保持一种目标感，并因此可以有效地努力。对于那些自我激励感高的、积极寻求成功标准且十分自律的学生来说，这一点尤其适用。

但我们并不能确定这一点。许多这种类型的学生会发现，如果他们收到了反馈，被告知如何确定努力方向，他们反而更难有效做到这一点。但对绝大多数学生来说，没有教学反馈就意味着没有方向。或者说，至少是他们更难在没有反馈的情况下找到学习的方向。

这再次强调了教学反馈是如何将教师引导至更像是体育教练的角色的。我们正在给学生提供他们可以用来改变自己的信息，这些信息还可以帮助他们修改和调整他们目前的学习情况和他们的思维方式。从这一点来说，教师与教练的角色非常相似。与教练不同的是，作为教师我们还专注于更广泛地给学生们传递知识和培养学生的理解能力。这些事情当然教练们也可能会做，但不同的是，对教师而言，这是他们工作的核心。

因此，教学反馈是一个强大的工具，部分原因是反馈能够塑造学生们的努力程度和努力方向，并有助于创造和维持一种学习上的目标感。毕竟，激励才是有效学习的核心环节。

我认为另一个可以解释反馈有如此大影响的原因是，持续收到高质量的教学反馈（获得教师的专业知识）意味着学生们能始终将他们的努力锁定在最有效的学习方向上。虽然这更倾向于是一个对理想世界的解释（因为我们作为教师都遇到过学生无视我们的反馈或拒绝从积极的角度看待学习中的困难的情况！），我仍然相信反馈有很多值得称赞的地方，正如上面的对比例子所证明的，而且我相信，你也可以从自己在学习时曾收到的好的、坏的和无所谓的反馈的经验中证实这一点。

反馈能帮助学生提高成绩

良好的教学反馈往往带来学生们的进步，而缺乏反馈则不利于学生们提高成绩。作为教师，我们要做的是为我们的学生做到最好。教学反馈意味着我们可以让他们获得我们拥有的专业知识。这使学生们更容易有针对性地努力并且取得进步。这也有助于学生们以不同的方式思考做事情的方式。通过教学反馈，我们纠正、指导和劝说学生。我们也支持他们，给予他们挑战，给他们提供机会，不然这些机会可能会与他们擦肩而过，甚至不会进入学生们的思考范围内。

从上面提到的研究中我们知道，教学反馈在提高学生成绩方面发挥着重要作用。我已经试图证明为什么会这样，现在我最后再举一个例子，以进一步支持这一观点，并希望能够给大家带来一些思考。然后，我会简要地介绍本书接下来章节的内容。

这个例子就是，当你决定要学习一种新的语言时，你没有去选择参加在线课程，而是选择了一个能够给予你面对面支持的语言教师。你看了一下当地的语言学校列表，找到了一个看起来起来不错的教师。这位教师能说意大利语，而意大利语也正是你选择学习的语言。于是你与他取得了联系，并确定了第一次上课的日期。因为你是一个有经验且成熟的学生，所以你在上课前做了一些准备工作，你使用课本、应用程序和互联网了解了关于意大利语的知识，因为你想在第一节课上给你的教师留下一个深刻的印象！而且你想向教师传达自己给人的感觉——你会是一个什么样的学生，你对语言学习的渴望并期待能够学有所成的愿望。

当你上第一节课时，你的教师热情地迎接了你。你们两个人坐下来，开始聊天。你问这位教师："你在意大利生活过吗？"

"没有。"教师回答道。

你继续提问："那你的家人是意大利人吗？""不是。"教师继续回答。

"哦，"你回答，"那你在大学是学习意大利语的吗？"教师摇摇头。

"那你是在英国教授高考意大利语科目吗？""不是。"

"嗯，好的。嗯，那你了解意大利语吗？"

教师微笑着说："当然了。我去年参加了一个在线课程，并且已经通过了新手阶段。现在让我们开始上课吧！"

为什么这样的问答对大多数学生来说会是一个令人泄气的求学经历呢？为什么许多人在第一节课后决定不再去找这位教师，而是去找别人呢？

答案就是专业性。我们想要的是一个专家，一个至少在某种程度上的专家。这是因为我们想获得他们的专业知识，而且我们希望得到来自专业人士的反馈。因为我们知道，正是这种教学反馈会帮助我们更快、更有效地学习。来自专业人士的教学反馈还将帮助我们有针对性地去努力并且维持我们的学习目标。因此，我们在一节课后就离开了这种还不成熟的、自学成才的教师，而选择去找一个专业知识远远领先于我们自己的教师。我们这样做是因为我们知道追随这样的教师代表着接下来的学习经验可能会好得多（这里用"可能"是因为教学反馈和专业知识并不是判断教学成功与否的唯一标准)。

因此，这就是我想要在这本书中传递给大家的信息。要成为你所教授学科的专家，通过提供口头和书面的教学反馈让学生接触到你的专业知识。确保学生有时间对你的教学反馈采取行动，并利用一切机会，包括评分，从而获得可使用的学生信息来传达你的反馈。这就是我们要做的工作，这就是我们要努力的方向，这也是实用教学策略的重点所在。

以下是本书剩余章节的主题以及每一章的简短摘要，你可以选择按顺序阅读这些章节，也可以挑选其中适合你的内容进行阅读。

第二章——如何提供有效的教学反馈：描述并举例说明教师可以遵循的一些关键原则，以保持教学反馈的有效性。

第三章——如何进行有效且高效的评分：描述并举例说明教师可以遵循的一些关键原则，以确保评分的有效性，此外还包括一些使得评分高效且节省时间的策略。

第四章——如何提供口头教学反馈：可供使用的一些实用策略和技巧使你的口头反馈更有效。

第五章——如何提供书面教学反馈：可供使用的实用策略和技巧，以最大化地提升书面教学反馈的效果。

第六章——目标反馈与目标实施：探讨如何设定学习目标以及如何确保学习目标的成功实施。

第七章——教学反馈策略与技巧：一些在其他章节中未被提及的教学反馈技巧。

第八章——评分策略与技巧：一些在其他章节中未被提及的评分技巧。

第九章——问题类反馈范例：介绍提问反馈，并列举了十种类型、共

150个提问反馈范例。

第十章——目标类反馈范例：提供了150个教学目标范例。

第十一章——寻找适合你和学生的反馈与评价方法：总结全书。

第二章

如何提供有效的教学反馈

CHAPTER 2

本章导读

现在我们可以思考一下有效的教学反馈的特点了。在本章中，我们将主要探讨以下内容：

- 个性化的反馈
- 明确易懂的反馈
- 反馈的可信度与相关性
- 反馈的可管理性
- 支架式和模仿式反馈
- 目标实施与主动练习
- 学生的主观能动性

这份清单并不是绝对化的，但我认为清单中确实包含了教学反馈中最重要的领域。下面我会依次展开说明每一个特点，但请记住，我并不是说所有教学反馈都应该涵盖每一个特征。在某些情况下，这甚至是不可能的。我所论证的是，这些特征中的每一个都应该成为教师在教学实践中尽量达成的目标，因为上述每一个特征都是高质量教学反馈的标志。能够向学生传递有效信息的反馈是基于教师的专业知识的，这些信息可以帮助学生了解什么是好的学习方式，促进学生们的思考，使他们明白如何提高自己的学习等等。

在本章中，我不会对书面和口头教学反馈进行区分。这样做有以下两个原因。第一，第四章和第五章将分别讨论这两种反馈形式。第二，硬要区分两种反馈的话会使对两种反馈的想法和实际策略的解释变得有些烦琐。我不进行区分也很有信心的原因是我相信作为读者的你们能够批判性地看待我介绍的内容，并根据自己的实际经验，对书面和口头反馈的关系做出自己的判断。

第三，请允许我指出，如果你想改变你提供教学反馈的方式，或者教学反馈的性质，最好先接受这样的观点——这个过程是需要时间的。形成新的习惯需要时间，对日常工作中一个核心方面的改变不会在一夜之间发生。改变过程中必不可少的就是坚持、实践、测试和错误。

个性化的反馈

给予教学反馈时要考虑的第一个特点就是个性化。个性化的反馈是针对学生的反馈。这并不意味着某个学生收到的反馈总是与其他学生收到的反馈不同。例如，两个或更多的学生完全有可能从教师那里得到同样的反馈，因为他们有同样的问题需要改正。然而，反馈的个性化实际上指的是教师提供的反馈信息需要与接受反馈的学生相联系这一事实。

非个性化的反馈可能与收到反馈的学生没有什么联系，或者学生可能会清楚地意识到自己收到的教学反馈是一些历史信息，与自己当前的学习或项目无关。例如，我们可以想象一个教师在每年的考试中拿出一张每年在教授某一特定主题时都会使用的反馈表，并把它发给学生。他们会说：

“要给反馈的时候我们就会给学生这张表。”

这类的反馈表与学生们现阶段的学习经验脱节。在上述例子中，教师们依靠的是他们几年前制定的反馈表格。即使这个反馈表很可能仍然与学生们的表现相关，但它依旧是作为一个历史文件呈现在学生们面前的，因此学生们要从中做出选择，这个反馈表并不是对学生们目前的学习情况所做出的回应。

作为更广泛的给予反馈过程的一部分，这样的表格是有用的。一个例子就是，教师在课程开始时向学生提供一张错误表，这样学生们就知道过去的学生犯过哪些常见的错误，也就能在自己的作业中发现这些错误。然而在这种情况下，我们也可以想象教师在教授该主题时能够继续提供教学反馈，并将教学反馈与学生们正进行的学习活动直接联系起来。

这里有两个问题可以帮助你确保自己的教学反馈是个性化的：

问题一：这些教学反馈是否与我已经或正在获取的当前学生的学习情况有关？

问题二：学生们是否知道这些教学反馈是给他们的，并且反馈与他们的学习有关？

你还可以使用一个简单的技巧来表明教学反馈的个性化特征，就是将学生的名字附在反馈意见纸上。

“保罗，这个答案很有趣。我会继续关注你是否能在你下一篇作品中包含同样多的细节。当你开始进行下一项任务的时候，试着把注意力集中在这上面来。”

通过反馈的这一点个性化，学生们能看到教师是把他们作为一个个体来对待，再加上反馈所释放出的其与个体学生具体相关的信号，这往往会对学生们起到激励作用。

如果考虑一下反馈个性化过程背后的逻辑，我们可以注意到，个性化的反馈更有可能体现出与学生的高相关性。这是因为教师已经获得了有关该学生学习的信息，并利用这些信息来定制一个以教师专业知识为基础的回应。从这个角度考虑，我们可以看到个性化是如何与对学生学习情况的正确理解紧密联系在一起的。站在教师的角色中，我们需要理解学生处于什么位置，学生已知的内容是什么，以及他们接下来需要做什么，这样才能给出个性化的教学反馈。

我们不可能总是给班里的每个学生都提供个性化的反馈。时间不允许。那么，在某些情况下，我们可能会发现自己在向一个小组，或者整个班级的学生提供反馈。在这种情况下，我们应该强调的是，虽说这种反馈不是直接给个别学生的，但它仍然是教师在分析了学生的表现、学生正在进行的学习活动，以及他们需要改进什么或以何种不同的方式学习（以及他们在学习中表现优异的部分）后进而给出的教学反馈。

举个例子，我们在为学生作业评分时发现，全班大致有五种类型的问题。下一次上课时，我们可以先告知学生这个信息，然后把对应的五个学习目标写在黑板上。在我们向学生说明了这些反馈是针对个体的之后——因为这些是我们在批改学生作业时直接得到的信息——我们就可以在班里来回走动，在他们判断自己的问题并进行学习时提供进一步的支持。

总而言之，个性化的教学反馈通过释放出你正在密切关注学生和他们的学习情况这一信号来激励学生。个性化的反馈更大概率上是优秀的教学反馈，因为它是你获得了准确的学生学习情况的结果。

明确易懂的反馈

学生们必须能够解读教师给出的反馈。他们需要理解反馈，否则这些教学反馈就很难派上用场。不透明的或难以理解的教学反馈其实是无效的。

当我们说到反馈的一目了然时，最好的方法之一是思考学生们在多大程度上可以在没有任何支持的情况下理解你的教学反馈。这可能要求你在说或写教学反馈之前，先在脑海中排练一下。编辑和完善教学反馈的过程意味着你传达的是最终版本的反馈产品而不是最初版本的表达。这个过程其实并不需要太长的时间，通常几秒钟就足够了。

在某些情况下，通过举例可以帮助学生理解教学反馈。你可以为学生提供一个简短的示范，让他们了解教学反馈的含义并参考范例，或者要求他们将自己的作品与其他同学的作品进行比较，找出相似之处和差异。以这个想法为基础，你还可以选择在课程开始时，在全班学生面前示范一个你提供的具体教学反馈，这样一来每个学生都有机会理解反馈的意义。

例如，一位数学教师可以通过以下方式开启课程，该数学教师向全班大约75%的学生提供了三条关键性教学反馈。这位数学教师会对每一条反馈进行举例说明，边说边接受来自学生们的问题。

这就为我们指出了一个更为宽泛的问题。一旦你把反馈意见给了你的学生们，你就有责任确保他们理解反馈。如果你不去努力了解你的反馈是否落地，教学反馈就有可能产生不了预期的影响。而且你可能在很久之后才发现这一点，这就会使问题变得更为复杂。

这里还有一些可供使用的技巧来确保反馈的明确易懂性，或用来弥补反馈在这方面的不足。

- 如果学生不理解你的反馈，请让他们给出“我们不理解”的信号，给予学生一种自我管理的感觉并鼓励他们尽可能早地与你沟通。
- 在分发你打过分的练习之后，在教室里巡视一下并检查学生们是否理解练习中你给出的反馈内容。
- 在给予口头反馈时，请学生们给你复述或解释反馈的含义。
- 为你所提供的部分或全部反馈提供框架和示范（关于这一点的更多内容请参考下文）。
- 根据学生的相关情况来调整你的教学反馈。请牢记学生们的语言技能和学科知识水平。
- 使用例子、对比、图表和类比来说明教学反馈的含义。
- 保持你教学反馈的结构。例如，先说优点再说目标。
- 如果在设定的学习任务中，学习目标的核心是目标执行力，在学习开始时，给学生们几分钟让他们回顾一下自己的学习目标，并针对不确定的地方向你提问。
- 利用反思和回顾，给学生们思考的机会，让他们讨论和分析收到的反馈。这可能只需要几分钟的时间，但在这段时间里，不确定因素会变得很明显——这代表你有机会采取行动。
- 找出那些在解释教学反馈方面有困难的学生，与这类学生进行一对一的反馈解释，从而给他们提供支持。

总而言之，通过以下两个方面可以确保教学反馈的清晰易懂性。第一，注意如何制定你的教学反馈。第二，仔细观察学生们的反应，从学生们的反应中提取相关信息，并做好准备在必要时给学生们提供进一步的支持。

反馈的可信度与相关性

在某些教学情况下，即使教师可能会提供个性化的、明确易懂的教学反馈给学生们，但仍然会发现自己陷入某种困境。学生们要么无视我们给出的教学反馈，要么根本不相信教学反馈。后一种情况就可能会导致学生半信半疑地采纳教学反馈，可想而知，最后的结果只会是令人失望的。在学生们看来，这些反馈的实践结果再次证实了他们最初对教学反馈的不信任态度。

教学反馈的可信度和相关性往往与学生的主观看法是联系在一起的。如果学生认为反馈具有可信度和相关性，那么他们就很有可能对教学反馈采取积极的态度，并相信根据教学反馈采取行动就可以带来一些积极的变化。

那么，到底是什么阻止了一些学生对教学反馈中的可信度和相关性表示认可呢？

其中一个最重要的因素是学生们的自我意识，因为学生们的自我意识与学习有关，或者说与你所教授的具体科目有关。一般来说，一个不相信自己能在某学科表现得更好的学生，通常很难相信一个内容是他能做好的教学反馈。

假设有一个不认为自己在艺术方面有成就的学生，他认为艺术天赋是与生俱来的，而他认为他不是天生就具备艺术基因的人。这种学生对自己在艺术方面的认知与反馈的核心原则是对立的——也是支撑本书的原则，即教学反馈是教师所提供的专业信息，学生可以利用反馈来改善他们的学习。

每当艺术教师给予这类学生反馈时，教学反馈本身和其基本原则都与该学生对自己和对艺术能力的信念相冲突。这种冲突就会致使教学反馈在学生眼中失去可信度。就好像他们被强制要求去相信一些东西（即他们的艺术能力可以提高），而这些东西与他们对自己的核心信念（我没有艺术细胞，因此无法提高）相悖。

显然，学生的自我认知也影响到了教学反馈的相关性。如果学生认为他们不能改变自己的能力，那么任何类型的教学反馈在很大程度上都变得无关紧要了。这种观念的一个常见表现是，尽管教师提供了所需要的支持，尽管教师劝说甚至哄骗学生去尝试，学生们也拒绝付出任何努力去实现某个学习目标。

在这里，我们看到这类学生在行使一种被动的权力（即能够不参与或不行动的能力），因为他们认为教师的想法以及他们的教学反馈所暗示的内容是不真实的，因此教学反馈与他们毫无关系。

当涉及教学反馈的可信度和相关性时，实现我们提供有效的教学反馈的目标是要比其他类别略显艰难。这是因为我们通常需要关注如何改变学生对自己的看法，这比改变教师自己的做法和教师能够直接控制的事情需要更长的时间和更持久的努力，比如改变我们提供教学反馈的形式就比改变学生对反馈的回应方式要更容易一些。

尽管如此，我们面前还是有很多选择，其中很多都是利用了成长型思维模式这一概念，拥有这种思维模式的人会拥有对自己的信念，并相信自己有改变、学习和成长的能力。这里有五个技巧，可以用来改变学生的自我观念，从而改变他们对教学反馈可信度和相关性的看法。

- 承认学生的自我观念，但随后要求他们无论如何都要尝试。这意味着我们并不否认学生的自我观点，但我们要在承认他们的观点后，要求他们把该观点放在一边。这个技巧并不总是奏效，但有时对学生们来说，只要知道自己的声音被听到就已经足够了。

• 使用案例研究，证明个人是如何从反馈中受益的——反馈如何帮助他们学习和成长。你可以使用名人、以前的学生或现在的学生和学校的工作人员——包括你自己的各类案例。案例研究非常容易让学生产生认同感，因为案例研究不仅具有人文关怀和叙事结构，它们还能将抽象的想法进行具体化呈现。

• 找出两件能证明随着时间推移而取得进步的学生作品。它可以是也可以不是你所提供的教学反馈带来的结果。几乎任何一位学生都能拿出这样的两件作品。如果你找不到，请发挥你的创造力。例如，你可以比较他们三个月前在课堂上的发言和现在的课堂发言。用两件作品之间的对比来证明学生内在的进步和能力发展，并将此对比与根据教学反馈意见采取行动所带来的好处联系在一起，然后建议学生按照证据所示的那样改变自己的认知。

• 把你的教学反馈分解成一系列的小步骤。这可以使得那些不相信自己有能力改变的学生更容易接受。较小的步骤比较大的步骤更容易想象，也更容易实施。因此，这样做是为了给学生方法，从而使他们开始对教学反馈采取行动，这减少了他们心中的风险感知（风险通常是恐惧失败带来的副产品）。

• 要求学生给你反馈，并同意如果他们对你的教学反馈采取行动，你就会对学生的反馈采取行动。这就涉及互惠的概念了，你需要在你和学生之间形成一个社会契约。当然该契约可能是有风险的，你还需要设定学生反馈的界限。最好要强调学生给出的反馈应像你给出的反馈一样——合理、具体、有证据支持。如果你能把这些都做到位，那么对学生来说，这会是一个非常强大的体验，会让他们开始坚信教学反馈是积极且没有威胁的。

总体来说，教学反馈中可信度和相关性的问题往往与学生的主观看法有关。只有找到改变学生思维方式的策略，才有助于消除这类问题。

反馈的可管理性

如果你有七个教学目标要同时实施，那我只能祝你好运了！对比一下，如果你有一个目标要实施，我敢打赌，你会集中自己全部的精力在短时间内完成它。

可管理性是有效教学反馈的一个重要方面。向学生们传递太多的信息，他们会很难接受。过载的信息往往通过以下三种形式之一出现。第一，信息总量可能太大。第二，对问题的分析过多。第三，有太多的目标让学生完成。这里我们通过举例对每种类型进行说明。

1. 教师提供大量的书面反馈，书面教学反馈涵盖了学生学习的每一个方面，该反馈并没有分成几个部分，而是以连续的散文形式呈现。其中包括学生的优势、劣势和学习目标，但由于这些内容并没有被合理划分，学生需要花很长时间来阅读该书面反馈，而他们的直接精力都花在了综合信息上，在此过程中学生们还需要确定反馈中哪些部分才是最重要的。

2. 学生收到一份用红笔修改的作业。在这种情况下，作业看起来像要被红色批注淹没了。教师仔细检查了作业中的每一句话，做了大量的批注，每一个都是相关的、准确的，体现了教师深厚的专业积淀。但是，这份反馈中需要学生处理的东西实在是太多了。当学生们读完教师所写的前三分之一的内容时，他们已经感到认知负荷过重。因此，学生们把反馈推到一边，并说服自己稍后再继续看。但他们大概率不会再看了。

3. 这是一节实践课，设计与技术课教师正在和一位学生讨论他们的项目。这位教师是个专家，他知道该实践项目的一切——什么是可行的，什么是不可行的，什么是好的，哪里容易出现问题。教师试图尽可能多地与学生们分享他的专业知识，最终这位教师给学生提供了八项不同的学习内容。当这位教师走向下一位学生的时候，他感到很高兴，因为他觉得他已经成功地把专业知识传达给了自己的学生。然而那位学生已经完全不知所措，所以他们又按照教师来之前的方式继续做项目。

请注意，以上三个例子中的每一个，教师的意图都没有问题。因为我们默认教师的意图在所有情况下都是积极的。问题也就出现在这里了，正是因为教师们的良苦用心占据了上风，才致使教学反馈不利于管理。过量的反馈最终破坏了它本身的好意：促进学生理解和能力的发展。

在第一个例子中，教师热衷于确保学生对他们所观察到的一切有一个全面的了解。但是对学生来说，信息太多，难以处理。学生们并不需要知道所有信息来提高或改进他们现阶段的学习状况。

在第二个例子中，毫无疑问，教师所做的每一个红笔注释都是正确的——它代表了对学生作业批改的准确和不掺杂任何杂质的分析。但是，问题在于，学生们还不是专家，而反馈里有太多东西需要学生去处理，使他们晕头转向。现阶段的学生并不具备教师所拥有的一系列背景知识和理解。因此，学生们需要的是教师在反馈中为他们做一些综合分析。

在第三个例子中，教师提供了学习任务的相关信息，如果遵循这些信息，学生们无疑可以完成一个非常成功的项目。但是这些信息太多了，他们已经在脑海中把不同任务的不同要点混在一起了，同时他们还得努力使项目与他们最初的设想保持一致。因此，学生没有足够的精神资源来处理和执行教师提供的大量学习目标。

当我们谈到教学反馈的可管理性时，一般来说，少即是多。还有一点也很重要，即无论是制订书面反馈还是口头反馈，都要考虑到这样的反馈对学生们来说是否容易管理。问问自己，学生们是否会因为你所传达的反馈而感到负担过重。问问自己，你是否能将你的反馈拆分开来，以一种学生能够按顺序来处理反馈中不同部分的方式来重新组织反馈的内容。换位思考，如果给你过多的信息让你来解释和处理，你又会如何应对呢？思考一下，你的学生在课上除了理解反馈和根据教学反馈采取行动外，他们还在努力做什么。最后，请记住，学生们的工作记忆是有限的，让他们在不同的学习目标之间分配工作记忆，只会严重降低每个目标成功的可能性。

支架式和模仿式反馈

支架式和模仿式的教学方法是所有教师都会使用的来帮助学生理解观点和信息、成功完成任务并取得进步的两个关键工具。支架式教学是一个过程，你通过这一过程来支持学生学习和完成更多他们力所能及的事情。支架式教学是你根据学生们目前的学习情况提供的有针对性的帮助。在这里一个好的经验就是首先给学生们提供最少的帮助。这就意味着作为教师，你要提高学生们的独立学习和自我管理意识，不要落入事事都替学生做的陷阱。

尽管模仿式教学的重要性足以让我们把它区分开来，但它也可以被看作是一种支架式教学。它也是一个过程，通过这个过程教师给学生展示想法、过程和活动，帮助他们理解这些内容，并给他们提供一个模型，让他们可以借鉴、模仿或复制。这里的模型有不同的种类，比如思维模型、技能模型、完成特定任务的模型，等等。

在提供有效的教学反馈方面，我们可以使用支架式和模仿式教学法来帮助学生理解以下内容：

- 教学反馈意味着什么
- 如何根据教学反馈采取行动
- 如何实施收到的教学反馈（在这里指怎样算好的表现）
- 教学反馈从何而来，为什么会有这样的反馈
- 如何判断他们是否成功地运用了教学反馈

由上可见，在反馈时使用支架式和模仿式的方法与我们在进行教学时使用它们是一样的，只不过我们此时的主题是反馈。

我们的目的是利用支架法和模仿法来提高教学反馈的有效性。出于这个原因，我们将需要决定什么时候使用支架式和模仿式教学方法是合适的，以及什么时候不必使用这两个方法。例如，我们可能会发现一些学生经常需要教师向他解释自己给出的教学反馈。因为出于某些原因，这些学生很难依靠自己理解这些反馈内容。除此之外，我们可能会发现还有些学生其实基本不需要教师去给他们解释教学反馈，除非一些极个别的情况。

下面是五个教你使用支架式教学来提高教学反馈效率的例子。

- 把一个学习目标变成一系列的三个小问题。向学生说明，他们可以通过依次回答每个问题来达到目标。
- 使用更简单的语言和短句子来向不理解教学反馈的学生重新解释，

从而使教学反馈变得更清晰明了。

- 用具体的例子来说明反馈中的抽象内容。例如，如果你在教学反馈中要求一个学生体现更多的批判性，通过列举批判性思维的具体例子来解释这一点。
- 将一个学习目标分成两部分。向学生们解释不同的部分，并要求他们每次只专注于实现目标的一个部分。
- 不要用连续不断的文章形式来书写反馈，可以采取列出一系列的简洁要点的方式。例如，三个学习优点和一个学习目标。然后当学生收到他们的反馈时，教师可以辅以相应的口头解释。

下面是五个使用模仿式方法提供反馈的例子。

- 给学生说明应该如何落实你给出的教学反馈，为学生们示范你的思维过程。
- 为学生示范你在给出教学反馈之前的思考过程。这有助于学生理解教学反馈的来源和重要性。
- 使用典型案例作为示范，给学生们展示他们的努力方向。
- 与学生一起坐下来，并给学生示范如何根据教学反馈采取后续行动。例如，如果你要求他们重写作业中的某一部分，就和他们坐下来，模仿重写的前半部分，然后邀请学生们继续自己完成剩余部分。
- 给学生们示范对教师给出的教学反馈应有的积极反应。向学生们展示如何把情绪搁置一边，并以积极的态度对待教学反馈。

目标实施与主动练习

如果学生没有机会对接收到的教学反馈采取对应行动，那么这些教学反馈就很有可能凭空消失在空气中了。课堂上的时间过得飞快。学生们很快就会关注一些新内容、新任务和新想法。只有当教师给学生机会，让他们对教学反馈采取行动时，教学反馈才会奏效。虽然实践过程并不是教学反馈本身的组成部分，但教学反馈指挥下的行动却是对教学反馈的一个重要补充。

在第六章中，我们会更详细地讨论如何实现学习目标，所以我在这里就不过多说明了。但是，在我们继续下一个内容前，有几件事需要告诉大家。

主动练习与被动练习是不同的。在主动练习中，学生们积极关注他们正学习的内容。他们能够积极参与到这个学习过程中去，这也就意味着学生们主动意识下的行动有更大的影响力，同样也需要更高水平的努力。例如，我们可以比较一个正在积极练习弹钢琴的孩子和一个被动练习弹琴的孩子之间的区别。前者主动参与了练琴活动。这位琴童仔细思考自己正在练习的曲子，并有针对性地努力追求一个练琴目标：在练琴上取得进步。而第二位琴童则没有积极地练琴，他的思绪可能已经飘到其他事情上了，尽管他表面上也是在练琴，但也仅仅是在走个形式。因此，被动练习的琴童可能不会从练琴中获得和主动练习的琴童相同的好处，也不会取得与主动练习的琴童一样的进步。

就目标实施而言，第一步要做的就是要给学生时间，让他们专注于实践自己的目标。就主动练习而言，我们需要有目的地设置一些教学场景，在这样的教学场景中，学生们不仅有机会专注于弄清楚自己的目标是什么，还能积极地参与到实现目标的活动中去。

在一段时期内，如果教师能一直给予学生机会去实现自己的目标并积极投身于练习过程中去，那么这位学生就更有可能取得更大的进步，而不是让学生收到教学反馈但没有足够的时间根据教学反馈采取行动，或者即使给了这些学生足够的行动时间，但学生内心仍然是被动抗拒的，那么对于他们而言，收到教学反馈后的行动也仅仅是走走过场而已。

关于目标实施我在第六章中会进行详细的论述，但这里还是先给大家提供五个相关技巧：

• 把实现目标的时间变成你教学计划的一部分。就像你计划自己课程的开场白、教学活动和全体学生会议那样，你也要计划好实现目标的时间，把目标作为主要重点。

• 利用课中回顾知识的环节来帮助学生反思他们是否全身心投入在自己的学习目标上了。

• 在规划课程时，要以书面反馈为基础。例如，如果你已经批改完了学生最近一次的作文并给出了反馈，那么就以作文为主题，再安排一节后续课程，后续课程的教学重点仍然是写作。这样一来，学生们就可以立刻根据收到的反馈目标去练习写作。

• 规划一系列短小、紧扣主题的教学活动，一个接一个地进行，每一个活动都给学生们应用教学反馈的机会。例如，一位体育教师可以规划5次传球训练，每次5分钟，5次传球训练连续进行。学生们应该在每次传球训练中都高度集中于他们的训练目标。

• 强调主动练习和被动练习之间的区别。确保学生理解两者的区别，并要求学生监督自己的练习情况。

学生的主观能动性

在有效的教学反馈这一部分中，我想谈论的最后一个特点是学生们的主观能动性。这个话题其实之前已经出现过很多次了。例如，在我们研究学生的主观看法、考虑教学反馈的可管理性以及谈论教学反馈的个性化时，我们都提到了这一点。

提高学生的主观能动性意味着促使学生明白他们对自己的学习状况有掌控权，并且他们自己才是成功的最终决定因素。学生们自己对如何接受教学反馈、如何使用教学反馈以及教学反馈的效果有着很大的影响。

如果学生认为自己对接受和使用教学反馈的过程有一定程度的掌控权，那么在大多数情况下，他们就更有可能以积极的态度看待教学反馈，并努力让自己参与其中。而对于那些没有主观能动性的学生而言，教学反馈只是教师单方面给出的东西，而不是提供给自己并能够促使自己进步的东西。这两种学生在心理上是非常不同的。

就我个人而言，我也会觉得如果自己认为对教学反馈没有掌控权，那么反馈带来的激励作用就小得多——而且也不那么令人有成就感。我想大家也会有同样的感觉。例如，可以考虑一下这种感觉，如果你的上司观察你，然后对你的表现给出反馈，但你没有任何讨论或为自己的表现解释的机会。并且你的上司告知你必须执行你得到的任何任务，不管你是否同意。如果不这样做，那么后果自负。

作为一个职业化的成年人，你可能会把自己的情绪搁置在一边，然后继续执行该任务（同时也开始寻找另一份工作！）。但是，你得承认你心里仍然会有一种苦涩和感到事情不太对的感觉，总觉得这件事应该有更合适的做法。

这个原则同样适用于学生们。如果我们能帮助他们了解自己在提供和使用教学反馈中承当的角色以及他们在获得成功方面的决定作用，那么教学反馈就会有成效，这一点已被证实。同样地，如果我们能创造一种教学环境，让学生们感到教学反馈是一件积极的事情，让他们可以把教学反馈看成是教师专业知识的输出成果，而他们可以利用这些知识来做出改变，进而将命运牢牢掌握在自己手中，之后自然就能够取得好成绩。

归根结底，学生的主观能动性是教师需要告诉学生他们在课堂上有选择的权利。学生所做的选择会影响接下来发生的事情，而你，作为教师，并不是要替学生做选择，而是要指导学生们自己做出正确的选择，这对现在和将来的他们都有好处。如能遵循本章所详述的几条有效的教学反馈原则，你就能够在面对学生时输出更有效的教学反馈。

第三章

如何进行有效且高效的评分

CHAPTER 3

本章导读

针对“为什么要评分”这个问题，我们之前已经谈过了，现在我们把已有的一些想法汇总起来，然后再进行一些补充。

对于这个问题，“获取学生的学习情况”即使不是最重要的原因，也是评分中最重要的原因之一。虽然这个表述听起来十分学术，但其实它就是指教师在对学生进行评价时所进行的一系列活动，这是一个包罗万象的概念。评分使我们能够获得学生对知识的掌握、理解、现有能力、技能水平以及是否进步等方方面面的信息。而我们给学生布置的任务的类型也是一个重要因素，在某种程度上，它决定了我们评价的对象。因此，我们能够获取的信息范围其实是受限的。

简单来说，作为教师，我们从学生的一篇文章、一首诗，一个舞蹈动作的录像、一个关于如何编排舞蹈动作的书面解释中获得的信息都不一样。但这并不是问题，这只是说明当我们在评分时，可能会因为教学任务的基本设定而无法获得某些信息。出于这个原因，教师最好提前仔细考虑给学生们布置的任务和作业，并使用多种评分方式获取学生学习情况的信息。

信息的获取不仅包括与课程直接相关的信息。当我们给学生的作业打分时，我们还要看他们完成作业的过程，他们的努力程度，以及其他相应因素，例如学生们是如何应对挑战的，以及他们的作业是否能体现出他们对这个作业内容的参与度和兴趣。要注意通过评分获得的信息是相当宽泛的，不仅仅是具体某个方面的信息，它涵盖了课程相关的信息和更广泛的信息元素。

这就把我们带到了评分的第二个关键目的，即提供教学反馈。正如我们已经看到的，有效的教学反馈要基于已获得的有效信息。一般我们先给学生的作业打分后，然后把分数下发给他们。通常，我们对学生目前的表现做出评价，并对应地给出反馈，这两者其实有细微的差别。但在这里，我们暂且先围绕传统的打分进行讨论。

我们给全班学生布置一些作业，然后通读并批改作业，并在评分过程中提供相应的教学反馈。其中一些反馈可能比较粗略或只是总结性的——打钩、打叉、评分、分数和等级，而有些则会强调作业中简单的错误，例如，在学生拼写错误的单词下面画出下划线，以及还有本书中重点关注的一类——形成性反馈。

无论我们使用什么样的反馈——其实通常都是上述三类反馈的组合——我们并不会将反馈视作我们评分的一个基本组成部分，因为我们默认学生会忽略它们。其实恰恰相反。我们这样做是因为我们知道评分是教师和学生之间的一种重要的沟通方式。正如第一章中提到的，反馈是一种手段，教师通过反馈这一手段让学生获得自己大脑里的专业知识。

因此，评分是为了提高教师对学生目前学习情况的理解。然后利用这种理解反过来帮助学生更好地了解自己在学习过程中的问题，比如学生下一步需要做什么，学生需要改进什么，哪些表现好的地方可以维持不变，哪些地方需要进行进一步思考以及哪些需要改正等等。无论是打钩画叉还是写出目标都可以做到这些，但区别在于这两种沟通方式蕴含的信息内容是不同的。

打叉代表问题的答案是错误的。拓展开来，我们可以说打叉表示理想答案和学生答案之间存在差异。我说“理想答案（而不是正确答案）”是因为打叉代表了一个错误的答案，但这个问题可能有多种回答，当然，也会有只有一个正确答案的情况。前者可能是写一段论述，后者可能是一个数字答案。

当学生看到作业上教师打的叉时，他们就会明白打叉的含义，就像他们明白打钩意味着什么一样。然而，他们此时并不能通过教师批注的叉号获得一些额外的信息来帮助理解为什么自己的答案是错的。这并不一定是一件坏事。在某些情况下，这正是我们作为教师所追求的目标。因为我们希望学生拿到判过的作业后回去依靠自己解决一些问题，或者因为我们想让学生更仔细地思考他们认为的正确答案究竟是否正确。

不过，如果教师的评分中只有这种传统类型的评分，这确实会让学生收获感不强。我们可以把这种评分形式的缺陷描述为缺乏更详细的信息以及缺乏教师的专业知识。这就是形成性反馈如此重要的原因，也是它在帮助学生发展上有如此大的威力和它能很好地解释打分目的的原因。

因此，获取信息和提供各种形式的反馈，尤其是形成性反馈，是我们教师教学工作的重点。但在我们继续下面的内容之前，我们还需要注意的是一些补充性的解释。

评分可以激发学生的积极性。如果学生看到教师没有批改自己的作业，他们可能会开始怀疑自己为什么要费力地完成作业。评分表明你十分关注学生们的作业，你把学生们的利益放在心上。这并不意味着教师需要时时刻刻给所有的东西都评分。但这意味着了解学生们的最新学习动态对保持他们的学习动力来说是极其重要的。

与保持学习动力有关的一点是，评分是教师表扬学生的一个主要手段。而我们所有人都能从表扬中获益。表扬是对我们个人的认可，也可以被看作对我们所做事情的肯定。同时表扬还能起到强化行为的作用。话虽如此，但盲目的表扬——与学生所做的具体事情无关的表扬，并不值得教师效仿。

而且学生往往会看穿这种不分青红皂白的表扬，并对其保持怀疑态度，或者，有些学生可能会认为这种不分青红皂白的表扬是很正常的，所以他们不需要再付出努力了，因为无论如何教师都会表扬他们。这种表扬是对他们的身份提出的，而不是对学生们所做的事情和他们的努力提出的。理想情况下，表扬不会以特质为重点（例如，你很出色），而是要向学生们表明他们做的事情为什么是好的和值得表扬的（虽然这任务真的很难，但我欣赏你坚持到底不放弃的行动）。

从另一个角度看，评分使我们能够在时间和空间上修改教学反馈。这与口头反馈的短暂易逝性形成了对比。除此之外评分还有很多好处。第一，我们和学生都可以在一段时间内反复查看我们给出的教学反馈，这意味着我们可以做比较。第二，我们能够明确教学反馈的内容，口头教学有时无法做到这一点。我们脑海中的记忆没有落实到纸张上的那种书面教学反馈的永恒性。第三，书面教学反馈对某些学生来说可能更容易操作。例如，一个学生可能更容易反思写在自己面前的书面教学反馈，因为当他们反思时他们不需要在大脑中调取这部分记忆。然而口头教学反馈就不是这样了，学生们不得不边回忆边反思。第四，在一段时间内追踪学生们的学习进展。这一点与我们前面提到的获取学生学习情况信息的观点有相似性。作为一名教师，我们需要追踪学生在一段时间内取得的进步，这样我们就能清楚地了解学生的学习进度、整体的进步情况以及各群体和班级整体的学习情况和能力发展情况。来自教师的定期评分可以做到这一点。教师这样做可能主要是为了自己的利益，而学生只是通过教师对课程的调整以及教师根据教学反馈所做的一些教学干预措施来感受到这些。

有目的地评分

在我们理解了评分的重要性，并在此过程中指出了有效的评分应该包含的内容之后，现在让我们继续讨论评分的功效和效率细节。

有着明确目标的评分意味着教师能控制自己这样打分的原因，也意味着你有一个事先确定好的目标来指导你的评分工作，并且这个评分目标与你的更宏大的教学目标是一致的。“有目的性的评分”听上去有些不妥当，因为这个词暗示还有“无目的的评分”。乍看之下，这个暗示似乎很奇怪，因为所有的打分动作背后必然有某种驱动因素，哪怕仅仅是看看学生目前的学习情况，以及在练习册上做满批注然后再返还给学生。

我所说的“有目的性的评分”指的是在打分过程中，教师事先思考过为什么要这样打分，打分对象是什么以及如何通过打分对学生的学习产生影响。

有着明确目标的评分有别于敷衍了事的评分，或只是把评分看作日常教学工作一部分的方式。区别没有很大，关键在于教师是否在控制和明确他们的评分行为，以达到一个特定的目标。接下来让我们看一些例子。

- 教师A收上来一套学生练习册。有很多练习需要教师A打分，但这位教师真正想看的是学生们几天前完成的一份作业。布置这份作业的目的是让学生们利用前几节课中学到的主要内容来输出成果。教师A把评分的重点放在了这上面，这位教师花了90%的时间来判这份作业并给予学生们反馈。
- 教师B想知道班里的学生是否已经准备好继续学习后面的内容，还是他们需要花更多的时间来研究图形的平移。于是教师B就这一主题布置了一项作业，并设置了难度逐步递增的习题来使作业更具挑战性，然后对学生们交上来的作业进行评分。当教师B这样做时，教师的目的就是确定全班有多大比例的学生已经能够迅速和准确地完成这项作业。

- 教师C注意到学生有错误理解概念的情况。于是教师C布置了一个作业，旨在测试哪些学生对这个知识点的理解仍然是错的，教师C收集了学生们的作业然后给作业打分，目的是发现哪些学生犯了这样的错误，以及他们在作业中哪部分的错误更明显。

在这些例子中，教师A、B、C的评分背后都有一个特定的目的。这些目的有助于教师集中精力，获取他们想要的学生信息，并采取准确对应的教学措施。例如，教师C知道他需要对哪些学生进行教学干预，并且他清楚，干预的重点应该放在帮助学生扭转对概念的错误理解上。

其实，带着明确的目标去评分并不是什么讳莫如深的技巧。这个技巧只是要求教师的注意力。当你评分时，也许还有当你在布置你要打分的练习作业时，选择一个最主要的目标来推进你的工作。这会让你的注意力集中在最重要的方面，从而提高你的打分效率。因为你选择的打分目标会推动并决定你的打分行为，还能帮助你尽最大努力完成打分。

下面是带着明确目标评分的另外五个例子。

- 教师的主要目标是看学生是否成功地实现了他们的目标。
- 教师通过评分给出反馈，预先告知学生在下一节课要做的事情。
- 教师通过打分来判断当前主题的教学效果如何。
- 教师通过打分寻找学生们理解上的差距，以便能够对学生们的学习过程进行干预并且弥补这些差距。
- 打分的目的是获取学生的学习情况，了解哪些学生需要难度更高的练习，哪些学生可以接受目前的教学程度。

给学生布置作业

作为教师，你想要判什么样子的作业？这是一个值得大家思考的问题。而我们也可以反过来问自己：你想对哪些内容给出教学反馈呢？这两个问题如同一枚硬币的两面。两面都切中了如何使教师的评分更有效和高效的核心内容。

如果你知道要判什么样的作业，如果你知道你想对哪些内容给出教学反馈，那么你就可以通过给学生布置合适的作业来实现你的目标。我们在上一节中也简要地谈到了这一点。只要你清楚地知道你要通过打分达到什么教学目的，这就意味着你的作业布置是有目的的。

你当然也可以把这个目的延展开来，用评分目的去给学生布置作业。也就是说，你可以预先设计好你想要学生完成的作业。通过这样做，你可以获得你想要的学生学习情况的信息，并且把自己看成是一个对学生们的重要练习给予教学反馈的角色。

为了说明这一点，我们来以实习教师的情况为例进行探讨。实习教师是正处于职业生涯初期的人。对实习教师来说，备课在他们的大脑中占据着重要位置。备课对于实习教师来说是一项很难完成的任务，也是一项占据了他们大量的思考空间和注意力的事情。当实习教师收到学生们的练习时，他们很想知道学生们的练习完成得怎么样，并会在此基础上进行打分。实际上，实习教师们打分的部分重点是看他们准备的课程学生们是否接受了——是否达到了预期的结果。因此，在实习教师眼里，批改作业是带着要达到备课效果的目的去做的，就像他们做其他任何事一样。

我们可以想象到，实习教师会很高兴地看到学生们交上来的作业，这些作业表明作为实习教师他们的课程进行得相当顺利，也表明他们看到自己的课程达到了预期的效果。

但是，让我们将实习教师的这种情况与一个教学经验更丰富的教师进行一下比较。教学经验丰富的教师在他们的职业生涯中会往前一步。符合大众期待的情况是，这位教学经验丰富的教师能够熟练地备课，并且不在备课方式是否正确上花费心思。相反，这位教师的注意力已经从自己的教学表现转移到了学生的表现上，而且他们在备课时也会牢牢地记住这一点。

这种经验丰富的教师会通过规划课程，来使学生们能够从作业练习中暴露出目前学习中的问题。他们也能够想得更进一步，并预判出什么样的教学任务会引出学生什么样的问题。他们在做教学计划时就已经在思考评分的事了。

我们可以从这些教师的方法中找出两个关键的区别。第一，我们这位经验更丰富的教师的评分更有效。因为他在规划课程时就考虑到了后续给学生们的练习打分的事情。大家会发现，教学经验丰富的教师留给学生的作业都是以学生感兴趣的内容为中心的。而实习教师最终布置的作业有可能会也有可能不会给他们提供真正需要的用来准确评估学生学习情况并给出反馈的信息。第二，经验丰富的教师是更有效的评分者。他们知道自己想要什么，他们给学生安排的作业就是用来获得这些信息的。因此，对他们来说，判作业也就更迅速和准确了。

总而言之，在设计课程时就提前考虑到打分是一种好方法。这意味着教师要提前考虑课程和评分方式会带来什么样的结果，并准备好随时调整课程规划，从而获得你想要的信息。课程规划与目的明确的评分有着密切联系。我们甚至可以把这一部分命名为“目标明确的课程规划是为了目的明确的评分”。或者具体来说就是：提前考虑你想得到的学生学习情况的信息，并以了解这些学生学习情况信息为目的来布置你的教学任务和教学活动。

追踪学生进步情况

追踪学生的学习进步情况意味着教师可以获得对学生当前学习状况的正确理解，并利用这些理解来创建一个能够随着时间变化来衡量学生们进步程度的教学工具。这就是为什么我们用记分册来记录我们对学生作业的总结性评估。

这样做的最大好处是，教师能够迅速对学生成绩的量化做出比较判断。我们可以以一种原始但十分有效的形式看到随着时间的推移学生们的学术表现变化，虽然这种比较判断并没有我们对学生知识掌握方面的定性理解所达到的深度和广度。但比较判断确实提供了一个简单的参考方式。这种将学生的学习表现转化为离散数据的做法，使我们更容易看到学生们的学习情况并且预测他们今后学习的发展态势。

因此，追踪学生的进步情况是进行有效和高效评分的一个基本特征。如果我们想最大限度地发挥对学生学习的积极影响，那么我们就需要能够准确判断他们的学习进步情况。我们可以通过收集学生进步情况的数据做到这一点。与对学生们成绩的定性判断相比，数据收集有着不同的作用，但有着相似的目的。形成性反馈让学生有机会了解教师的专业知识。记在记分册上的总结性判断使教师能够迅速确定学生的学习进展，并明确可能需要采取的下一步行动。

传统的追踪方法是只在记分册上记下分数，但你可以做更进一步的追踪。以下列举了可以帮助你改善评分记录的五个技巧：

- **在追踪教学反馈的同时还需要总结性数据。**这需要耐心和额外的时间。当你给学生提供反馈时，在你的记分册上简要记下反馈的具体内容，可以记录在你写的分数旁边，或者记录在一个单独的边栏中。这一点大家可以利用电子表格记分册来实现。为了简化这一过程，你还可以为你的教学反馈制定一个代码，或者只记录反馈中最重要的一点。这样做的好处是，随着时间的推移，你可以逐渐发现教学反馈和学生表现之间的模式和关系。例如，一些学生是否比其他学生更善于根据你的教学反馈采取后续行动。

- **问题分析。**这是你记录单个问题的分数和总分的地方。例如，一个学生可能在一次模拟考试中取得了80分的总分。问题层面的分析意味着你既要记录这个总分，也要记录该学生在模拟考试中每个部分的得分。然后你就可以识别出学生们知识有漏洞的部分。例如，一位高年级教师可能会在模拟美国高考（SAT）考试期间对学生使用问题分析法并发现班上大部分学生在某一特定题型上表现不佳。掌握了这一信息后，这位教师就能帮助学生改善在这一题型上的做题表现。

- **重新定义学习进步的含义。**你可以给学习进步做一个更广泛的定义，而不仅仅是考试成绩提高这一方面。这样一来，你就有了一个与之前不同的概念来记录学生们的表现。例如，一位艺术教师可能会在将艺术判断中的主观因素纳入考量后对“学习进步”做出新的定义。这样做之后，艺术教师会发现自己在追踪学生表现时开始注意到了不同于之前的信息——由于定义改变而被注意到的新信息。同时学习进步定义的变化对教学反馈、教学干预和课程规划也有着不同程度的影响。

- **将实现教学目标与数据总结联系在一起。**我们已经强调了让学生有机会实现目标的重要性。教师可以通过将教学目标的实施与数据总结联系起来，在你的学生学习进度跟踪中体现出这一点。例如，你可以为每个学生记录两行数据。第一行是他们最近的作业表现的数据。第二行通过打钩、打叉或画圈来表示学生是否达到了学习目标或者是否在学习目标上取得了一些进展。
- **快速教学干预手段。**这是当教师在感觉到学生落后于他们的同龄人时采取的措施。教师要做的不是等待然后分析学生的学习情况，而是提前介入，以防止学生与其他同伴之间的差距与日俱增。在跟踪学生学习进度方面，这可能意味着教师需要做出更多的总结性判断——比如可以通过给学生布置一些小任务的方式——以便更快地发现学生的问题所在。或者你也可以将记分册上的总结性数据作为一种额外的参考，看看它们与你在课堂上基于对学生的观察所做出的定性评价是否一致。

与学生进行深入沟通

评分可以将信息传达给学生。有效的评分能传达教师想要传达的信息，并以学生可以接受的形式进行。不同类型的信息都能在师生之间展开——不管是打钩、打叉，还是详细的评论，哪怕只是一个简单的问号。无论在何种情况下，如果学生不理解评分的内容，评分效率就会下降。如果学生不理解评分信息的含义，或者教师试图传达的信息与学生的理解有偏差，评分效率都会下降。

这意味着教师应该注意在评分中向学生传递信息的元素是否具有说服力。这种说服力通常是很直接的，不需要我们做什么额外的努力。但也不全是这样，尤其是形成性反馈，因为形成性反馈强调的是学生对以书面形式提供的教学反馈进行理解和行动上的内化。

这对教师评分的效率也有影响。如果学生不理解教师要传达的信息，或者学生误解了这些信息，那么教师就不得不做更多的工作。不管是以补充解释的形式（尽管这并不一定是坏事），还是以试图让学生们理解我们所要传达的信息的形式，或者是试图找出学生如何误解了教师的教学反馈，以及在这过程中产生了什么意料之外的后果。

我们已经研究过提供清晰明了的教学反馈的重要性。所以让我们先把清晰明了的特质搁置在一边。另一个我们可以关注的问题是训练学生如何对教师的评分做出反应。

培训与教学的不同之处在于，培训更多的是让学生们习惯于一种行为方式，使他们在未来能够重复使用这种方式。在这里，我们要考虑的是如何训练学生分析和解释教师的评分中所包含的内容。

例如，教师在接手一个新班级时，可以花一些时间与学生讨论老师们为什么要打分，老师们如何打分，以及分数传达了什么样的信息。然后，教师可能会继续阐述他们希望学生如何利用好这些信息——如何看待和应用它们。

这位教师可能会给学生提供一个小讲义，来总结他所说的内容。该讲义可能包含诸如以下的信息。

- 如果你看到作业中有一个问号，这意味着我不明白你写的内容。你需要再看一下这个题目，要么改一下，要么向我解释一下你的作业内容的具体意思。
- 打叉意味着答案是错误的。你要做的是努力找出为什么自己的答案是错的。然后我们再一起讨论。

- 打分时我会先写你们的优点，再写出你们之后要努力达成的目标。你可以用荧光笔突出目标，这样你就能在作业本上一眼看到它们。

这些讲义中的每一点都是教师希望学生遵守的规则，其目的是最大限度地减少歧义，并且最大限度地提高效率，以确保教师的评分尽可能地有效。

在新学年开始的时候，或者在你接手一个新班级的时候，你可以采取这样的方法来节省大量的时间和精力。这也意味着学生们知道会发生什么，他们能预料到在批改完的作业本上会看到的内容。这就加快了教师的工作进度，并有助于在学生间培养一种意识，即评分和反馈总是一个师生间双向的互动过程，一个旨在帮助学生变得更好的协作努力。

最后，请记住，培训的目的是使一种好习惯成为学生们的第二天性。如果你采用这种方法，你将需要在习惯养成的早期投入更多的精力。随着时间的推移，学生会将这些信息内化，甚至不需要你提醒，他们就会习惯通过教师评分进行沟通的这一方式。

关注判断标准

当你给学生评分时，你就是在进行判断。评分就是一种判断。当一个教师积累了更多的经验后，他能够更高效地评分。这主要是因为彼时的他已经了解什么才是好的表现，教师想从学生身上看到什么，并看到学生作业体现出的问题和错误。随着时间的推移，教师对学生们的了解会越来越详细，凭借这样的理解，教师可以对学生在作业和考试中体现出的学习情况做出更快、更好和更准确的判断。

判断的核心是比较。我们给学生的作业打分，并将作业与我们所了解的知识进行比较。这种知识包括很多东西：

- 课程知识
- 对学生之前学习表现的了解
- 对学生当前阶段应该达到的能力水平的理解——包括对个体的（基于学生过去的表现）和整体的（基于对学习与进步的广义理解）
- 对优异表现的理解
- 理解什么是可能的，什么是不可能的（例如，这有助于我们发现学生的抄袭行为）

我们可以通过关注我们的判断标准来提高打分的有效性和效率。这意味着我们要接受这样的一个观点：判断涉及比较行为，我们应该把注意力集中于我们用于比较的知识上。以下是你可以用来提高打分有效性和效率的五个技巧：

- 如果你是一个初级教师，打完分后立刻反思你的评分。问问自己，你是如何做出判断的？你是怎样评估学生的作业或者考试的？你在比较什么？你是否使用了一些外部标准，如评分标准，或者你自己心中的标准？你是否确定了一份特别好的作业和一份知识漏洞较多的作业，并将这两项作业作为打分参考项？你能选择一些不同的打分方式吗？如果可以的话，会是什么样的打分方式？以这种方式进行评分反思有助于你聚焦在用于判断的信息和判断过程上。今后你就可以更有效地运用它们，甚至是改变过去的一些做法。
- 找出一份标准的作业，也就是一份你会给满分的作业，并在评分时将其放在手边。你可以把它作为判断打分的理想参照物。需要注意的是，你应该确保这份范例作业与你所教授的学生的年龄段是适配的。如果标准作业过于完美，那么你可能会发现你的学生中没有一个能得满分，因为这个年龄段的学生没有人能够完全达到你标准作业的程度。

• 当你评分时，请列出你用来判断的关键标准。花点时间思考一下你在判学生作业时关注的主要评分标准。思考你在看学生作业时关注的主要类别。例如，一位哲学教师可能总是要求明确性、一致性和逻辑性这些类别。阐明你用来做判断的标准意味着更好地理解你的评分过程是如何进行的。这也意味着有一个你打分时可以参考的标准清单。这可以为你大脑的工作记忆腾出空间。你不必把注意力从分析学生的作业转移到思考如何评判作业上。

• 刚开始打分时就要考虑到学生们可能在完成作业或者考试中暴露出的错误。例如，一位数学教师非常了解学生在学习长除法时常犯的错误。通过将这些错误放到打分时思考的第一位置，他就能发现这些错误。这样一来，教师已经挑出了进行判断的关键要素，进而就能集中精力将其运用到要评分的所有作业中。这个方法尤其适用于当你想重点关注某个问题——比如说某个易错点，并且你知道相应的反馈会给予学生很大的帮助时。

• 在评分前花一两分钟弄清楚你的期待。例如，你可能会发现，你对要批改的某一批作业有着很高的期望，然后在心里记下为什么自己会有如此高的期待。或者你还可以细化你对这种类型作业的良好预期，无论哪种方式，你都要花点时间来打磨自己的注意力，这样当需要你判断时，你就会确切地知道自己在寻找什么，也会清楚一份不符合期待的作业是什么样的。

有选择性地评分

在这一章的最后，我们要谈谈对打分内容的区别对待。什么时候可以打分，以及什么时候不需要打分。

对任何一个教师来说，时间都是宝贵的。如果你想从单位时间内获得最大的收益，就必须好好地利用你的时间。这意味着你必须把确定要做的事情按照重要性进行优先排序。你必须决定你要批改学生们的哪些作业，以及哪种类型的作业值得你投入最多的精力去批改。你不可能对学生们所有的作业都打分，当然也不可能对所有的作业都投入相等的精力。你必须鉴别清楚这些内容。如果不这样做，你的工作量就会十分可观而且打分的工作对你来说就是不可持续的。这无疑将给你个人、你的工作乐趣甚至很可能会给你的学生带来负面影响。

毕竟，能对你的学生产生最大影响，也是需要你付出最多精力的地方——是你在课堂上的教学。因此，如果你发现自己进入无休止地批改作业的状态，并为此投入自己数小时的时间，那就请你停下来并且考虑一下你这样做的影响。也要考虑一下你在判作业这一环节的成本效益。

毋庸置疑，打分的收益是递减的。在过了某一个点后，你批改的作业越多，你和学生从中得到的东西就越少。这一点在一定程度上可以追溯到我们之前讨论过的一些内容，如沟通、反馈的可管理性和相关性。学生面对海量的教学反馈时，他们很难吸收理解所有的教学反馈，在这样的情况下学生可能会放弃阅读来自教师的教学反馈，或者把反馈中最重要的内容简单一掠而过。（这种反应与教师在面对大量作业要判时产生的反应没有太大区别。）

我没办法告诉你应该判什么样的作业，不应该判什么样的作业。因为答案是受你所教学生的年龄层次、教授内容主题、你教哪一学年的学生以及其他很多因素的影响。但是，我想强调的是，你对什么时候需要打分，什么时候不需要打分这一判断的重要性。运用你的专业能力辨别出到底判什么样的作业能使学生们的收益最大化，那就是你需要为之付出努力的部分。这意味着可能你没有花特别大的力气在判作业上，但学生依旧能够受益匪浅；但也有可能你还需要在判作业上下更大的功夫。不过可以肯定的是，过度判作业和学生成绩提高之间并没有必然的联系。

那么，教师需要怎样做才能更好地鉴别该给哪些作业打分呢？如何才能让你的判断带来积极的结果呢？下面是三个值得你思考的问题。

1. 我想通过打分向学生传递什么信息，学生又会如何使用这些信息？

2. 我想通过打分获得什么信息，以及我会如何使用这些信息？

3. 我的评分如何给学生的学习带来积极影响？有什么证据支持这一观点呢？

这三个问题是一个很好的起点，可以帮你决定打分内容的优先次序。这三个问题与本书到目前为止所讲的大部分内容是一致的。尽管这三个问题可能不会给你所有答案，但它们在很大程度上能让你清楚，为了你自己和学生的利益最大化，你该如何更好地规划时间。

另一件要考虑的事情是学生作业的布置，这一点我们在本章前面已经说过了。如果你已经规划好要判什么作业，那么你的打分就更有可能是高效的，而且你也能很好地利用自己的时间。你可以在教学活动开始前就判断，这样做的目的是便于找到值得你花费时间和精力打分的作业，并使你能够通过打分向学生传达丰富、及时和有用的信息，从而追踪他们的学习进步情况。

带着这些想法，我们可以为本章画上句号了。我们会在第五章中再次讨论评分问题并将详细讨论书面教学反馈。不过在那之前，我们要先谈谈口头教学反馈。

第四章

如何提供口头教学反馈

CHAPTER 4

本章导读

前三章我们从非常实用的角度做了一些铺垫，从此章开始的内容将以此为基础并进一步地凸显出实用性的特点。在本章中，我们将通过研究一系列策略、活动和技巧，来帮助教师向学生提供有效的口头教学反馈。这些反馈同样符合第一、二章中提出的大多数或所有反馈要点。

教学活动前与教学活动后的口头反馈

教学活动是课程的主要内容。这也是大部分学习活动发生的地方。我们可以在教学活动前后给予学生口头反馈。接受教学反馈的对象可以是某一个学生、学生小组或整个班级的学生。两种方法都有各自的好处，都给了我们一个与学生分享教师专业信息的机会。这类专业信息能够激励学生努力并改进他们的学习方法。下面是一些教学活动中口头反馈的例子。

- **教学活动前口头反馈1**

如果你经常使用某个特定的教学活动，并且知道在推进该教学活动时学生可能会遇到的问题或容易犯的错误，那么你可以把这些信息作为活动前口头反馈的基础。这样一来，你就可以利用口头反馈向学生发出信号，提醒他们应该在即将开展的教学活动中注意什么。这也意味着如果学生在活动中忘记或偏离了教学任务，你可以在活动中重复这些口头反馈。

- **教学活动前口头反馈2**

找出一个或一组你认为在教学活动中需要教师额外支持的学生，以活动前口头反馈的形式向他们提供这种支持。教师要做的是提前思考并预测这些学生可能面临的困难，然后在活动开始前给他们口头提醒。这种方法给学生提供了一个先机，帮助他们在实际操作之前了解如何用最好的方式完成一项学习任务。举一个简单的例子，一位体育教师向一群运动能力不那么强的橄榄球运动员解释即使在疲劳时也要维持防守状态的重要性，并且给他们一个可以用于提醒自己的心理暗示。

- **教学活动后口头反馈1**

在教学活动过程中，教师可以在教室里走动，找出全班同学都有的共性特点。这些特点可能是积极的，是值得提出表扬的，也可能是还需要继续改进的地方。在教学活动结束时，花一些时间与学生们讨论你所观察到的情况，而不是直接继续讲授接下来的内容。你可以把课后口头反馈当成一个给所有学生教学反馈的机会，还可以配合使用为学生提供反思机会、让学生重做部分教学任务或做出必要的示范等方式。

- **教学活动后口头反馈2**

找出一组你认为教学活动对其很容易或者看起来学习任务完成得很轻松的学生，给予这些学生口头反馈以提高他们的活动难度。这可能意味着你所给出的口头反馈会让这类学生更深入地思考或在下一节课中更加努力。或者也可以让这类学生在下次同类型的活动中用不同的方式来完成学习任务。无论哪种方式，你都是在使用教学活动过程中所获得的学生信息来提供口头反馈，进而影响学生今后的努力方向。

给予学生们活动前口头反馈的一个更普遍的观点是，这有助于塑造学生与教学活动间的互动关系。因此，如果你觉得教学活动有可能达不到你在设计教学活动时的要求，那么你可以把活动前反馈看作一个好用的工具。而在活动后反馈方面，你可以通过使用下述步骤来加强活动后教学反馈的积极影响，该步骤包括：活动→反馈→活动。在这个步骤中，我们首先开展教学活动，在活动结束后给出口头反馈，然后开展第二个教学活动，在第二个活动中，学生个人、小组或整个班级的同学应根据之前的口头教学反馈采取对应的行动。

教学活动中的口头反馈

教学活动中的反馈可能是最常见的口头教学反馈形式，也是我们在教学中使用最多的一种方式。在这种情况下，教师在学生们进行活动期间给予他们反馈，给出反馈的目的是帮助他们在活动中表现得更好，思考得更深入一些，或者用不同的方法完成活动。这里有一些可以帮助你完善活动中反馈的策略和技巧：

- 提前确定一些你想给予反馈的学生。在活动中，把这些学生叫到教室前面，每次一个学生。花几分钟时间与他们谈论他们的学习情况，并给他们提出你认为最能帮助他们的一些建议。
- 如果学生是以小组为单位开展活动的，请每组指定一名学生代表。在活动过程中，把不同小组的学生代表叫到教室前面来，你可以和他们讨论他们小组的学习情况，然后提供反馈意见，接着让小组学生代表回去传达给小组其他成员。
- 选择一件你想进行反馈的事情。比如说，错误观点、句子结构或者是绘画时线条的使用。在教室里来回走动，向尽可能多的学生提供口头反馈意见，但口头反馈的内容始终保持在你一开始就确定的主题上。这不仅是通过传达专业信息使学生们获益，而且还能让你把注意力集中在你的专业领域。

• 有时在教学活动进行到一半时暂时停止并向全班同学提供口头反馈的方法也很有效。学生们可以在你重启这个教学活动前花点时间思考这个问题。然后，重启教学活动后你应该在教室里来回走动巡视，观察学生是否用上了你的口头反馈。如果某项教学活动比你预期的要难，或者说许多学生都在该活动中犯了类似的错误，那么此时中断教学活动给出反馈就尤其有用。

• 在教室里来回走动时记得拿上一张纸和一支笔。当看到有学生需要一些反馈时，你可以使用纸笔来进行更有效的沟通。这两样工具能够保证你可以用书面信息和视觉信息来对你的口头教学反馈进行补充。例如，地理教师可能会给学生反馈如何更有分析性地谈论移民流，然后用手里的纸和笔给学生们画一个移民流的草图，方便他们随时参考。

• 设计一套班级学生棒棒糖棍。每根棒棒糖棍对应一个学生的名字。在教学活动中，随机抽出一根糖棍儿，并向你选择的学生提供口头反馈。这种方法是对学习评估（Assessmenet for Learning）技术的一种改进。这会帮助你避免无意识的偏见。例如，你可能会无意识地给坐在教室中间而不是两边的学生更多的反馈。棒棒糖棍方法可以预防这个问题的发生。

• 在你的大脑中列出一份名单，选出那些最能从提高教学活动难度中受益的学生。当活动开始后，依次给这些学生们反馈以扩展他们的思维能力。例如，一位英语教师可以设计一个议论文写作的活动，刚开始先让所有学生一起进行这个活动，在进行了一段时间后，依次从名单中选出五个学生，利用提供口头反馈的方法增加这些学生的写作难度。

为学生提供支架式教学支持

你可以利用不同方式的口头教学反馈来给学生的学习提供支持。下面有五个相关的例子：

- **当一个学生刚开始做一项很吃力的任务时。**此时教师的口头反馈可以采取以下形式：可以是关于如何开启任务的建议，也可以是总结学生在过去开启任务的成功经验，还可以提出一个学生可以达到的具体目标，实现这个目标就意味着他们已经成功地开启了任务。例如，一位历史教师可能会总结以前在历史资料分析任务中看到的学生表现出的优点，然后再要求学生们将同样的过程运用到当前的学习任务中。

- **当一个学生发现自己很难取得进步时。**这时，教师可以代表学生做一些事情以支持学生的学习，比如有效地分析学生现阶段的学习情况。如果一个学生发现学习有困难，那么这表明他们很难靠自己成功评估目前的学习情况。毕竟，如果他们能够有效地评估自己的学习情况，那么他们就能改善这一点。教师可以代表学生做这件事，并且提供口头教学反馈，反馈的重点可以是如何改变目前的学习状况。然后，学生就可以根据教师的反馈内容采取后续行动。

- **当一个学生持续犯同样的错误，但却无法找出原因时。**这可能是因为学生没有意识到自己所犯的错误，或者是因为他们没有掌握区分这些错误所需的知识和理解能力。教师需要介入这个重复犯错的过程，并给学生提供口头反馈，这些反馈并不能解决学生们的问题，但只要给他们足够多的口头反馈，他们总会依靠自己来解决问题。例如，一个学数学的学生可能在做二次方程的因式分解时，总是犯同样的错误。这时候教师就需要介入了，教师需要根据自己的专业知识提供口头教学反馈，使学生朝着正确的方向前进。然后，学生就可以利用这些口头反馈，自己想出一个解决问题的办法。

- **当一个学生无法建立自己的学习目标时。**这类学生无法建立目标也许是因为他们不理解或者是他们看不出如何将目标应用于目前手头的任务。教师观察到了这一点后需要介入这一过程来帮助学生。教师此时向学生提供的口头反馈有两个目的。首先，教师在反馈中需要重新解释他们的学习目标是什么及其重要性。其次，教师需要突出学生们的学习目标和他们正在进行的任务之间的一些联系。然后，学生们就可以自己去实践了，在这种情况下学生们在应用目标时就能体验到更大的成就感。
- **当一个学生正在努力完成某个任务，但却一直没有成功时。**这种情况下学生很可能不明白为什么他们一直失败，也不知道该如何弥补差距。当这种情况发生时，教师的口头反馈可以是提醒学生尝试一些新的方法，或者是提供一些从长远来看会帮助学生完成任务的知识。例如，在一节纺织课上，教师可能看到一个学生一直无法织出自己想要的形状，那么教师就可以提供一些专业的口头反馈，为学生指出他没能织出的原因以及可以尝试的不同的方法——这背后的信息是，这些新方法可能会带来不同的结果。

纠错教学

错误是我们学习的主要方式之一。错误呈现出来的信息经常能帮助我们在思维和行动方式上做出重大改变。在提供反馈信息前，教师可以将口头教学反馈的重点集中在错误上，这就意味着教师在了解学生们为什么会犯错、学生们能从错误中学到什么以及如何避免犯错之前先让学生们意识到这些错误，下面是四个可供大家使用的利用错误进行口头反馈的技巧：

- **提前识别错误。**作为教师，你是你所教科目的专家。因此，你很可能能够提前识别出那些学生们可能会犯的错误。如果你能做到这一点——既可以是制定一个简单的错误清单，也可以是在脑海中梳理一下学生们犯错的各种可能性，那么当学生犯错时，你就有能力发现这些错误。这样你就能准备好进行教学干预并提供口头教学反馈。例如，一个五年级教师可能会回想一下去年教这个题目时学生们的错误，把当初学生所犯的常见错误记在脑海里，然后在看到同样的错误时，这位教师就能迅速给出相关的口头反馈。

- **检查错误的概念。**在教学活动中使用提问的方式来检查学生在教学活动中的理解。把精力集中在找出学生们所有的错误观念上。一旦这些错误观念暴露出来，你就可以提供相应的口头反馈，来帮助学生改变他们的思维方式。

- **观察和教学干预。**在教学活动中，教师可以站在一个可以观察到全班学生的位置上，或者根据你所教授的内容，你可能更愿意在教室中四处走动，以便你能更仔细地检查学生正在做些什么。一旦发现错误，要立刻抓住这个机会进行教学干预——提供口头教学反馈，以帮助学生提高成绩。不过，你还需要注意你教学干预的频率。如果一个学生在几分钟内收到了你三四次的教学反馈，那么他很可能会开始消极看待你的反馈了。

- **在书面教学反馈之后再给出口头反馈。**在给学生分发了批改过的作业后你可以在教室里转一圈，找出那些能从进一步的针对错误的口头反馈中受益的学生，口头反馈的重点当然是他们在作业中呈现出的错误。例如，一位数学教师可能会挑出两三个学生，这些学生是需要教师对书面反馈做进一步解释后才能更坚定地行动的。教师通过口头重新解释作业中的批改反馈以及反馈与学生所犯错误的关系，来达到帮助学生纠错这一目的。

对学生思维的反馈

在课上给予口头反馈时，教师可以关注一下学生的思维。关注学生的思维意味着为学生提供可以使之转换思考方式的信息，进而改变他们的想法或使他们开始使用之前忽视的思考方式。它们的共同之处是，我们教师作为思考者，给学生提供我们的专业知识，并利用这些专业知识来指导和塑造学生的思维。下面是一些针对学生思维方面的反馈范例。

- **“我想让你思考一下X。”**在这句话里，教师给出的口头反馈是让学生思考一下他们忽视的或遗漏的东西。你可以只给出一个简单的指令，或者也可以再提供一些额外信息。比如解释为什么“X”值得思考，以及学生思考这个“X”能够得到什么。例如，一位科学教师可能会对学生说：“我想让你考虑一下不同的表面材质如何影响摩擦力的大小。”那么这个问题背后可能有一个等待学生们发现的东西。这样就能鼓励学生去思考他们原本忽视的东西，并且教师也知道这种新的方式大概率可以带来积极的结果。

- **“我想让你试着这样思考……”**在这个口头表达中，教师让学生接触到他们的专业思维。

教师知道有一种更好的，或者说是不同的思考方式，所以他鼓励学生尝试。例如，一位哲学教师可能会对学生说：“我想让你尝试用这种方式来思考正义：想象一下，假设你无法预知后果。那么现在你对正义概念的想法与你之前的想法有什么不同呢？”

- **“试着考虑下X与Y的联系。”**例如，“试着想一下保险与概率问题的联系”或者“试着考虑一下宜居性和我们地区的关联”。在这两种情况下，口头反馈的目的是让学生思考他们之前可能忽视的联系。对教师来说，这种促进学生横向思维的做法是很容易的，因为教师有专业知识。但对学生来说，由于他们仍然处于新手的位置，所以横向思维对学生们来说更难实现。这种类型的口头反馈可以为学生打开思路，让他们接触到依靠自己可能无法接触到的思维方式。
- **“试着先考虑这个，然后再考虑那个。”**如果学生难以掌握一项任务或一个概念，这可能是因为他们大脑中的工作记忆过载了。过多的新信息会减慢学生对现有知识的理解，严重的甚至会使学生停止学习并且不再参与教学活动。这个时候你就可以利用这句话来给出口头反馈以减轻学生们的压力。例如：“在决定如何使用颜色之前试着先考虑景观的主要特征。”再或者：“试着思考你想表达什么，然后再决定你要如何表达。”
- **“我希望你写下你的想法，然后再去完善这些想法。”**这句话也非常好用，可以帮助学生用更高级的方式管控自己的思想。把想法写下来意味着把学生们大脑里的思考外化落实到纸张上，并把这些想法在特定的时间和空间上确定下来。如果学生们做到了这一点，就代表他们明确了自己的想法，那么接下来学生就能够批判性地审视并思考如何完善这些想法。例如，一个六年级教师可能会要求学生写下他们对当前阅读的一本书的想法，然后再完善读后感。这与学生仅把自己的想法存放在脑海里，或试图把这些想法直接写下来相比是不同的，因为后面这两种做法缺少额外的两个重要步骤，即表达和完善。

改变学生的努力方向

口头教学反馈的一个更为微妙的用途是改变学生的努力方向。我之所以说它“微妙”，是因为当你给出口头反馈时，学生往往可能不会意识到你在给出反馈。即使意识到了，他们也会隐约觉得这就像一场游戏，他们应该按照教师的建议去做。这与那种学生非常反抗教师改变其努力方向的少数情况形成了强烈的对比。虽然这种情况很少发生，但也有可能发生。但这种情况通常是一个与学生行为有关的结果，而不是反馈本身有什么问题。

以下是一些改变学生努力方向的反馈例子：

- “现在要回到我们的任务上了，山姆。非常感谢。”
- “让我们再思考一下第三个问题。我给大家两分钟时间，然后看看大家有什么想法。”
- “我想知道是否有更好的方法来回答这个问题。来吧！我希望大家再仔细思考看看是否能找到更好的办法。”
- “这方法真不错，萨拉，但我希望看到你按照一开始的方法去做。”
- “这个方法可能更值得尝试。你先试试吧，然后跟我分享一下你的体验。”
- “我们先把这个问题放到一边，课下再继续讨论。现在我希望大家集中精力完成这个任务。”
- “再回顾一下规范要求。对，在剩下的活动时间中我们要牢记这些要求。”
- “这方法正确还是不正确？好吧，那什么才是正确的方法？非常好！就这么做。”

- “我想这可能是一条死路。你为什么不试着回去再看看其他方法呢？再看看第三个要点是否能给你一些启发。”
- “还记得我们上节课讲过什么吗？对——要集中精力！”

在上述每个例子中，教师口头反馈的目的都是改变学生的努力方向，其中有些口头反馈是为了推进课堂进度，有些是为了改变学生的行为，还有些关系到思考如何处理一项学习任务。从这些口头教学反馈中我们能看出学生注意力涣散的不同原因，以及学生们的学习方向毫无成效的原因。

这与我们讨论的口头教学反馈的其他要点有重合之处。例如，针对学生思维的反馈，它就与上面的几个反馈范例非常相似。然而，我们应该注意的是，旨在改变学生努力方向的口头反馈往往是非常简短的，而且非常切合学生目前的学习内容。教师应该在执行教学任务时定期扫视教室里的学生，看看哪些学生努力程度低，哪些学生努力程度高，哪些学生在错误的方向上盲目前进，以及哪些学生可能从简短的提醒中受益匪浅，同时也可以给学生提出建议，告诉他们应该做些什么。

总而言之，这种口头反馈主要是帮助学生自我调整努力的方向，就像他们自我调整其他事情一样。

反馈学生取得的进步

学生取得进步时进行口头反馈是帮助学生们更好地了解自己的学习任务进展情况的一个好方法，尤其是对那些难以察觉自己进步的学生和那些不相信自己有能力完成学习任务的学生来说，这个方法非常有用。

例如，我们可能会遇到一个怀疑自己识字能力的学生。这个学生不相信自己有能力取得进步，或者觉得自己取得进步的机会很小。这个想法是典型的固定型思维模式，拥有这种思维模式的学习者的学习体验会受到他们对自身能力、智商和才华的先入为主的认知的影响。

作为一名教师，我们希望这个学生能够对自身有一个更为现实的看法，即承认自己有改变、成长和进步的可能性。我们希望他们能像教师看他们一样看待自己。也就是说，他们通过努力、寻求教师支持和从自己的错误中学习这三个方式是可以取得进步的。通过与他们的合作，我们知道他们可以做好，并且他们也确实做到了。那作为教师，现在需要做的就是把这一信息传达给这些学生们。

因此，我们可以在单独课程和系列课程中，通过口头反馈的形式向学生展现他们取得的进步。大家可以参考使用以下部分或者全部策略：

- 在上课期间，我们每次与学生沟通都会提醒他们注意自己进步了多少并解释这是他们努力学习的成果。
- 当学生没有取得教师所期待的进步时，我们也可以使用口头教学反馈，来让学生们把注意力集中在他们目前可以采取的能帮助自己取得更大进步的不同方式上。教师应与学生深度配合，使学生放弃“缺乏进步是由于自己内在能力不足”的固执想法。
- 我们可以让学生用量表对自己的进步程度进行说明。你只需要一个简单的量表，里面包含从1到10的数字，其中1表示没有任何进步，而10表示有很大进步。然后教师可以给学生一些口头反馈，来解释教师认为学生们取得了哪些进步，并将其与量表上的数字联系起来。
- 几节课过后，教师与学生可以进行一对一的交流。回顾他们的学习情况，给出口头反馈，并解释他们是如何进步的，为什么他们会进步，以及有什么证据可以体现学生们的进步程度。

- 在一个教学单元结束时，教师可以花一些时间与学生交谈，比较他们在该单元刚开始时的学习情况和目前的学习情况。教师还可以呈现学生们的学习成果以证明他们所取得的进步。来自教师的口头反馈旨在帮助学生更准确、更客观地了解自己的努力和取得的成绩。

这些策略的根本目的是使学生对自己的认知和他们的学识都更向我们靠近。作为教师我们正在向他们传授我们的专业技能，包括客观分析他们的表现、他们的思考方式以及发掘更多可能性的能力。随着时间的推移，这类口头反馈可以对学生产生强大的影响，会改变学生们对自己的看法，也会改变他们对学习和成绩可能性的看法。

实时口头反馈

在某些情况下，实时口头反馈有着强大的优势。例如，实时口头反馈可以为学生提供信息，进而改变他们自己的思维和行为。我们所说的实时反馈是指对学生正在做的事情进行叙述，紧接着让学生立刻根据反馈采取行动，然后再给出更进一步的反馈。这与我们在本章中看到的其他口头反馈的例子有所不同，后者假定学生已经完成了一些事情（而不是“正在做事情”）。

下面列举了一些不同课程中实时口头反馈的例子。

- 体育课。教师在跑道边上骑车，而一群有能力的学生正在进行1500米的计时赛。教师观察着学生们的跑步情况，并就跑步的身体位置、姿势和节奏给学生提供实时口头反馈。学生当下就可以对反馈做出调整。教师继续观察并给出更多的实时反馈。同样，学生们有机会立刻应用反馈。
- 设计和技术课。教师与一个第一次使用工具的学生一起上课。教师首先做了一个示范，然后为学生提供实时反馈，让学生尝试正确使用该工具。教师讲述学生的表现，并且提醒他们注意需要做出的细微改变，以便更好地使用该工具。这意味着学生可以实时获得来自教师的专业知识，并可以利用这些专业知识来调整工具的使用方法。

- 舞蹈课。舞蹈教师与一群学生一起上课，学生正在练习他们编排的舞蹈动作。舞蹈教师走了过来加入这个小组中。教师放慢动作示范，带领学生练习，边练习边讲述学生们的姿态。教师着重强调了自己的表演和学生的表演之间的差异。然后，根据这些实时反馈，学生立刻就能调整自己的动作和姿态。学生在与舞蹈教师上课的过程中，一直能够根据这些实时反馈立刻采取下一步的行动。

- 数学课。一位四年级的教师与一位学生进行了沟通，请他谈谈自己是如何尝试解决一些数学问题的。教师听完后向学生复述了一遍，然后让学生扮演听众的角色，并向他解释了另一种解题思路。教师一边解释，学生可以一边尝试去做。这样教师可以在学生解题的过程中对他进行说明，并及时指出碰到的问题，使学生能够正确地运用解题思路。

- 法语课。一位法语教师与学生进行一对一的对话。随着对话的进行，教师对学生输出的内容和他输出的方式给出实时反馈，同时也保持着法语的对话。这两个过程同时进行，这意味着学生既在练习法语，又获得了来自法语教师的实时反馈，学生可以利用这些实时反馈来提高自己法语口语的表达质量。

以上例子展示了实时口头反馈在不同课程中的应用。所有这些实时反馈都带来了类似的结果。学生获得的实时反馈信息使得他们可以利用信息来立刻修改和调整他们正在学习的内容和方式，从而提高他们的表现力。

实时口头反馈的另一个好处是教师可以对学生的修改做出下一步反应，从而有可能加快学生的进步。

如何组织口头反馈

有时你可能会发现自己不确定如何向学生组织你的口头反馈。课程的节奏和需要教师关注的事情数量会使这个问题更加复杂。在这种情况下，一个很好的备用方法就是使用一些理论结构来强化你的口头教学反馈。理论结构可以帮助你提前完成一部分工作，然后你只需要找到其中适当的元素，并利用这些元素来制定与你面前的学生相关并且有效的反馈即可。以下是五个可供参考的理论结构：

- **布鲁姆的认知领域分类法。**这是大多数教师都很熟悉的分类法。该分类法将认知过程划分为六个类别：知识、理解、应用、分析、综合、评价。这六个类别的难度是逐级递增的。在提供口头教学反馈时，作为教师的你完全可以参考这个分类法。使用这个分类方法来组织反馈时，你只需问自己，学生目前处于哪个认知阶段，哪个认知类别的能力会给学生们带来一些挑战。
- **心智技能分类法。**20世纪50年代，在认知分类法日臻完善的同时，情感分类法和心智技能分类法也开始被提出。60年代情感分类法手册问世了，但后者并没有形成书面作品。后世的研究者们开创了不同的心智技能分类法，其中一种是由戴夫（Dave）制定的，他将心智技能的发展划分为以下五个类别：模仿、操作、精确、表现、内化。这种结构在教授实践类科目时非常有效，因为与认知分类法相比，它能够更好地帮助教师构建教学反馈。在“内化”之后还可以有“发明”这一个更高的类别——此时学习者已经可以利用已内化的技能来发明创造出新事物。

- **从具体到抽象。**总的来说，具体的信息比抽象的信息更容易理解。我们可以把这个理论结构想象成一条绵延不绝的线，线的一端是“完全具体”，而另一端则是“完全抽象”。考虑到这一点，教师可以设法将我们的反馈放在这条线上的某个点上，在这一点上教师可以给面前的学生提供最恰如其分的教学反馈。例如，我们可能会发现一个学生正在努力掌握一项任务的基础技能。在这种情况下，我们的口头反馈最好放在线的左边“完全具体”的一端，而非“完全抽象”的一端。

- **从一般到具体。**在你的脑海中，另一理论结构也可以看成是一条线，线的两端分别是一般和具体。这条线从“高度概括”的一端到“极其具体”的另一端。可以说，当你的反馈变得更具体时，挑战难度就会增加，虽然这不是绝对的。谨慎地运用这个理论，时刻留意学生正在学习的内容。在适当的时候，这个理论结构是另一个可以用来组织口头教学反馈的有效工具。例如，你可能会发现一个学生正轻而易举地完成一项任务，然后你决定采用高度具体的口头反馈来提高任务难度，从而更仔细地观察这个学生的当前表现。也就是说，你通过使用反馈提高了挑战难度，启发了学生从不同的角度进行思考。

- **评分标准。**最后我推荐的理论结构工具是与学生当前学习相关的评分标准。如果你手头刚好有一份这样的文件，或者你足够熟悉这份文件，已经将它直接储存在大脑里了，可以即取即用，那么你就可以用这份评分标准文件来搭建你提供给学生的口头反馈。你可以根据评分文件中的某些部分来给出反馈，或者鼓励他们用更符合评分标准的方式去思考和学习。无论是哪种方式，作为教师你都是在把评分标准作为一个口头反馈的基础。

其他理论结构工具也可以使用，我相信大家对我书里没有提及的理论结构工具也都很熟悉。这些理论结构工具都有着共同的目的，就是使你的口头教学反馈更适合你面前的学生。尤其是当你在重压之下或是注意力易分散的时候，这些结构化的反馈工具尤其派得上用场。

至此关于口头教学反馈的内容就要结束了。我们将在第七章中继续研究一些其他与口头反馈相关的内容。接下来让我们来探讨一下帮助教师写出高质量的书面教学反馈的实用策略。

第五章

如何提供书面教学反馈

CHAPTER 5

本章导读

书面教学反馈主要包括以下两部分内容：优点和目标。优点是指学生们做得好的地方。目标是指学生们接下来要做的事情，它可以是为了改善自己的学习在今后要做的事情，也可以是对教师批改的作业做出的直接反应。

书面反馈的持久性意味着书面反馈在一段时间内仍可供学生使用。这就与口头教学反馈的短暂形成了鲜明的对比，因为口头反馈一旦说出口就会消失在空气中。因此，许多教师把书面教学反馈作为一种比口头反馈更为正式的方式。教师定期向学生提供书面反馈，来反映学生们的作业情况。教师还会把书面反馈看作一个形成性的总结，用于说明学生目前处于什么样的学习情况以及他们下一步需要达成的学习目标。

人们普遍认为，在给学生布置任务之前先提供一些积极的信息，这会让他们表现得更好。这也是为什么许多教师在给出反馈时遵循提供三个优点和一个目标的原则，因为积极的信息比具有建设性的批评信息更重要。在反馈中说明学生优点的另一个好处是，它向学生说明了优异表现的样子，即他们在接下来的学习中应该继续坚持的地方。

这种积极强化的方式可以加强学生对你用于判断的成功标准的理解。随着时间的推移，教师希望学生们能够越来越准确地了解教师对他们的期望，这一点在很大程度上是通过教师反馈中传达的信息来完成的。这些反馈信息包括你给出的学习目标以及你指出的学生优点。

过多的书面反馈会给学生带来压力，因为学生们收到反馈后需要时间和空间来根据教学反馈采取行动。如果提供过量的学习反馈轰炸学生们的大脑，他们会很难吸收教师在反馈中试图传达的内容。就学习目标而言，这也可能意味着学生无法做到教师要求他们做的事情——因为一个目标还没完成，另一个目标紧接着就出现了，学生的注意力已经转移到后面不断冒出的新目标上了。

在吸收新知识方面，记住学生需要时间来阅读、反思并根据反馈建议采取行动。这个观点很明显，但我仍然看到许多教师在下发了含有书面反馈意见的作业后，立即将课程过渡到教授新内容上了。如果学生没有时间来参与教学反馈，那么学生很可能就会忽视、忘记反馈，甚至认为反馈没有那么重要。发生这种情况是由于教师没有给学生时间消化、反思教学反馈造成的。

同样值得注意的是，教师的专业知识将教师置于一个给所有学生提供全面、详细且涵盖学习的近乎所有方面的反馈的角色上。但这个角色对教师来说其实是一个陷阱，教师应该小心避免掉入这个陷阱中去。提供书面教学反馈时的一个关键点是将你从批改学生作业中获得的学生学习情况与你的教学专业知识相结合，然后再输出对学生最有用的反馈信息。如果教师让自己的专业知识占据了主导地位，那就意味着你的反馈有可能让学生感到不知所措。即使教师是出于好意，但太多的反馈信息会给学生们带来畏难、退缩情绪，或者会让学生们在解读教学反馈上花费过多的时间。

在本章，我们将探讨可以帮助教师提高书面教学反馈质量和效果的不同技巧。在这里需要注意的是，本书第二章和第三章中的观点仍然适用。你也可以把本章看作是对第六章内容的补充，在第六章中我们会深入探究学习目标。

设定成功标准

成功标准是评判学习的依据。如果你达到了成功标准或超过了成功标准，那就太好了。如果你没有达到，那么就说明你还有需要努力的地方。教学反馈需要帮助学生理解成功标准。优点指的是学生表现好的部分，因此优点是理想的。目标是指尚未实现的学习目标，但如果实现了，就会给学生带来优势。无论是反馈优点还是目标，我们都需要知道教师评判学生学习的标准到底是什么。

下面提供了两种可以让教师有效利用书面反馈来设定成功标准的方法：

- **使用“因为”。**只要你在书面反馈中加入这个词，就可以基本上保证你的句子是在向学生解释为什么会出现这种情况。你用这种解释佐证了你写出的优点和目标，并且这个解释也是你判断学生表现时使用的成功标准所要求的。接下来我们通过比较下面的两个书面反馈中对学生优点的表达来证明这一点：

A. 你作业中的形容词用得很好。

B. 你作业中的形容词用得很好，因为你仔细考虑了形容词的位置以及形容词给读者带来的影响。

第二个例子包含的信息明显比第一个例子要多得多。这句话的关键就是在“因为”这个词上。这个词一出现，就向学生们表明了为什么优点是优点，并且这也引出了你判断学生表现时使用的成功标准。学生们就可以直接了解到教师对“好”的感觉。学生们可以消化教学反馈中的语义内容，也可以吸收反馈中教师表达的优点。在今后的练习中，学生们就更有可能记住为什么这样用形容词很好。

- **将目标与后续的成功联系起来。**当教师给定一个目标时，这样做的原因是我们知道，如果学生成功地执行了这个目标，那么他们的学习状况就会有所改善。教师的目的是帮助学生了解他们如何提高自己的学习效果。给出目标就是教师在利用行动引导学生后续的努力。为了帮助学生更清楚地了解目标的重要性，我们可以把学习目标与今后的成功联系起来。这也能帮助学生理解教师用来判断的成功标准。接下来我们通过比较下面两个例子来说明这一点。

A. 下一次，我希望你能把重点放在从你的发现中得出你的结论。

B. 下一次，我希望你能把重点放在从你的发现中得出你自己的结论。因为这表明你能用你所知道的这个写作主题的知识来解释数据，这样你的文章就会更清晰更好。

与前一个例子一样，B中传达的信息明显比A要多。但要注意的一点是目标要与成功实施目标带来的结果产生关联。教师应向学生解释目标的重要性以及这个目标可以带来的现在还未出现的结果。这都会让学生的学习生活变得更轻松，因为学习目标不再是孤立存在的。相反，目标会与一个动机联系起来。这样学生就能够清楚地知道什么是好的，以及为什么这样做是好的。通过这个“为什么”学生就了解了成功的标准。

正确看待学习中的挑战

当我们感到自己面临挑战时，往往是我们在学习某事或者准备学习某事的时候。挑战代表着我们发现自己无法轻松完成它，而如果我们不能轻松完成该任务，这意味着我们就需要学习我们面前的任务，以便能够在将来轻松地完成任务。换句话说，当我们被推到我们学习能力的极限时，挑战就产生了。

正确看待挑战意味着让学生习惯性地将学习中面临的挑战视为课程的标准部分。接下来是让学生们接受挑战。如果他们把挑战视作常态，他们就更有可能接受挑战。如果他们接受了挑战，那么他们接下来就会取得更多的进步——因为学生会不断地挑战自己并且不断超越自己目前的能力极限。

以下是教师利用书面教学反馈来帮助学生正确看待挑战的三种方法：

方法一：设定具有难度的目标。有很多方法都能帮助你做到这一点。第一，你可以设定一个目标，然后询问自己如何调整该目标以提高其难度。第二，你可以将目标设定为要求学生对自己认为已知的知识点进行再次思考。第三，你可以要求学生改进他们所依赖的东西，比如学生们习惯使用的做题方法。第四，你可以将目标的难度设置成超越学生当前知识范围和理解能力的水平。第五，你可以要求学生用更高的准确度完成当前的任务。

我们可以继续下去，但这五个方法已经足够让你把学习目标设置得更有挑战性。与设定具有挑战性的目标同样重要的是，要定期设定挑战性目标，并给予学生必要的时间、空间和支持，以帮助学生成功实现这些目标。

方法二：教学反馈应主要围绕挑战难度展开。这要求你在书面反馈中评论学生对挑战难度的反应，难度是否过低或过高，以及最理想的进步是什么样的。例如，你可能发现学生作业的准确率太高是挑战难度过低的一个表现。因此，你可以在反馈中表明，这意味着下次需要提高难度。这样的反馈内容可以帮助你为学生设定难度适中的学习目标。例如，你可以让学生在课程进行中向你反馈教学内容是否太简单了，这样你就可以当场调整任务难度，并确保有足够的挑战难度来提高学生们的思考能力。

方法三：挑战学生，让他们发挥主导作用。你可以不必独自完成所有工作，而是完成部分工作，然后把决定权交给学生。首先给学生提供反馈，说明他们做得好的地方，然后让他们说明可以改进的地方。紧接着向他们提出建议，让他们根据自己发现的不足之处做出改正，可以是改正这次的作业，也可以是在下一次作业中做出调整。在这个改正的过程中，有些学生可能需要一些额外的支持，你可以提出三个需要改正的地方，然后要求学生们挑选一个他们认为自己能够改正的进行修改。再根据他们的选择制定改正目标，这比让学生们自己做所有的工作要简单一些。

营造鼓励学生进步的课堂环境

如果你能够在课堂上营造一种鼓励学生进步的环境，那么你的书面反馈将在学生的学习中发挥更大的作用。在鼓励学生进步的环境中，学生知道自己能够取得进步，明白进步需要靠自己努力去争取，并且会将根据教学反馈做出改变视作一件积极的事情。

但这个观点可能与一些学生的现有观念相悖。因为对许多教师来说，更为常见的现象是学生们几乎无法从积极的角度看待教学反馈——当告知学生需要改正或者改进某个部分时，他们会产生抵触情绪，并试图放弃改正，而不是接纳教师的反馈。

书面教学反馈可能会使这种学生消极对待反馈的现象更加严重，因为书面反馈本身具有固定和不可改变的性质。反馈是严格地书写在学生们的作业上的，这个反馈所有人都能看到。这样一来就与口头反馈形成鲜明的对比，口头反馈的信息说出来后就立刻消失了。口头反馈对那些（错误地）认为批评性反馈是某种批评的学生来说，往往令他们觉得威胁性较小。

创造一种鼓励学生进步的环境往往就是为了改变这些学生的思维方式。通过改变学生的心态，使他们把书面反馈视作帮助他们变得更好以及针对他们已经做得好的地方的客观评价，而不是视作针对他们个人能力不足或缺陷的主观臆断。当然，我们作为教师从来没有打算让我们的教学反馈变成一种对学生的主观评价，但并不能阻止有一些学生坚持认为反馈就是一种来自教师的主观臆断。

那么，我们该如何打造这种鼓励学生进步的环境呢？在这种环境中，所有学生会把学习看作一项正在进行的工作，而反馈则是教师为了帮助学生们发展而提供的一种方法。以下是可供参考的五个简单技巧：

- **保持表扬与批评的合理比例。**我们在前面的内容中提到了这一点。对许多学生来说，给予多个优点和一个目标有助于消除建设性批评意见带来的刺痛感。长期坚持使用这个策略，学生就会逐渐适应这种模式——他们清楚反馈中会提到他们做得好的一些方面和一个他们能改进的地方。然而，教师在给出反馈时一定要避免不分青红皂白或毫无意义的表扬。如果你能确保你所给出的优点是与学生行为有关联并且有道理的，你就能更有效地帮助学生培养良好的心态并理解什么是好的表现。

- **用"我们"的话语来和学生交谈。**如"我们下一步需要做什么来改善呢……"或"我希望看到你用更多的例子来解释你的理解，我们可以在下一节课一起研究这个问题"。这种表达技巧将你和学生放在同一条战线上。尤其当学生觉得反馈是针对他个人的时候，这种方法特别有用，因为这个方式巧妙地消除了"我和你"这种身份对立的感觉。你也可以在学生收到书面反馈后，用"我们"这个词来做进一步的沟通。当全班同学都在阅读你所写的反馈内容并采取对应行动时，挑几个最能从这种语言中受益的学生，然后和他们谈谈反馈内容。根据"我们"这一表达来重新构思你的反馈。你需要吸引学生注意到这一点，因为这个表达可以明确指出你和他是在同一个团队中，你们可以一起努力以改善他们的学习情况。

- **举例说明变化的样子。**这样做能帮助学生想象，一旦他们实现了你设定的目标，他们会是什么样子。对一些学生来说，他们很难抱着积极的态度向前走。他们不一定相信自己能够进步，因此他们无法将你给出的反馈记在脑子里，并将其转化为潜在的未来。给学生们举例说明变化的样子有两个目的。首先，这样做可以帮助学生理解为什么教师提供的教学反馈与他们的进步是息息相关的，以及为何反馈能帮助学生。其次，这样做为学生提供了一个能够借鉴的反馈实施范式，学生们可以借鉴、模仿你的书面反馈中提到的样式来使后续行动变得更容易一些。

- **提醒学生过去做出的改变。**这个技巧要求我们调动学生在提高自己学习方面的已有经验。他们很可能已经忘记了，或故意忽略了这些经验。

学生可以利用过去的成功经验来应对当前的反馈。这也是回应反馈的一个好处。因为他们以前成功过，并收获了回报，因此他们可以复制之前的成功经验，并因此获得不同的回报。

- **邀请学生给出书面反馈。**来自学生的书面反馈可以是多种形式的：自评、互评、对范例作业的评价、对教师教学的评价或对课程的评价。无论哪种形式，让学生们反馈的目的都是帮助他们更好地理解反馈的产生过程，从而改变他们对来自教师的书面反馈的看法。为了成功地实现这一目标，要让学生注意到他们在提供反馈时做了什么，以此帮助他们理解，评估是一种判断，而判断的依据是所评估的内容是否符合我们参照的标准。而那些不符合评分标准的地方就是我们需要为学生建立学习目标以帮助他们进步的部分。这样做有助于将教学反馈的结构和目的公之于众，也可以消除学生可能投射在书面教学反馈上面的情感因素，有效地中和了学生对反馈的负面看法，使学生更容易对建设性的批评反馈采取对应行动。

思考：你希望学生如何对待你的反馈

问自己这个问题意味着澄清和完善你的评分目的。如果你十分了解你希望学生通过你的书面反馈做些什么，那么你就会更容易在这一目的指导下进行评分。反之，如果你不知道你想让学生如何利用你的书面教学反馈，那么你的评分就不会有什么重点并且缺乏与学生行为的联系。

为了说明这一点，请思考以下两个不同教师的例子：

教师A知道希望学生对自己的反馈做什么。教师A希望学生在拿到反馈时通读并与伙伴讨论，然后在接下来的三节课上尝试应用反馈中给出的目标。在这之后，教师A会把作业再拿过来，继续评分，看看学生们的完成情况，然后教师A再提供另一轮的书面反馈。

教师B对于希望学生用自己的反馈做什么的看法则较为模糊。理想情况下，教师B希望学生能理解反馈，并据此改善他们的学习情况。教师B希望学生们有所进步，并计划在几节课后检查他们是否有进步。

教师A和教师B的立场并没有很大的区别。教师A控制了给出反馈的过程，并确保学生能够理解和执行反馈内容。而教师B则比较被动。教师B的意图也是好的，但相比教师A来说，教师B更多的是靠碰运气。

教师A把自己的书面反馈看作过程中的一部分。这个部分包括学生的理解、思考、分析和行动。教师A根据这四点进行评分。教师A的目的是提供信息，让学生能够在教师的指导下以特定的方式在课堂上使用这些信息。我们仍然期望学生能够独立学习并掌握自己收到的反馈信息，但教师A期望通过建立一套系统来简化这个过程，并帮助学生明确他们后续该如何做以及如何判断自己做得正确与否。

那你呢？你希望学生利用你的书面反馈做些什么？思考这个问题意味着你在考虑教学反馈带来的影响以及作为教师你能做些什么来确保教学反馈能带给学生你期望的影响。这也意味着你的评分背后是有确定的目的支持的。这种目的性会促使你参与到学生的学习中去，并随后鼓励学生也参与到对你教学反馈的回应中去。

这里有一些例子能够帮助教师思考希望学生如何回应自己的教学反馈，你可以使用或修改这些例子以使其适用于自己的教学。

- 在你的作业中应用反馈，并在下节课时告诉我应用的效果。
- 现在立即运用反馈，对你正在做的事情做出改变。
- 运用反馈对一个你正在做的项目进行改进。

- 思考你可以如何将这个反馈运用到你上一次的作业中。
- 运用我提供的反馈，把我批改过的部分题目重新再做一次。
- 反思一下你想达到什么目标，你的目标是否达成，你做了什么以及为什么会有这样的结果。
- 运用反馈来改变你学习的方式。
- 根据反馈，用不同的方式来思考学习主题。
- 根据我提供的信息，调整你的努力方向和方式。
- 在你的作业中找一找我所提到的优点和需要改进的地方。

在上述的每个例子中，书面反馈都变成了教学过程中的一部分。教师在批改学生作业时，期望学生会以某种方式使用自己给出的反馈。教师通过创设一些情境来推动这一行为，既有课堂上的，也有课后的，如第一个例子所示。

为学生预留出反思和应对书面反馈的时间

让我们进一步讨论如何规划学生对书面教学反馈的互动和反思。在提供口头反馈时，学生通常会在教师与他们交谈后直接做出回应。他们可能会进行提问，表达他们的想法，或者改变他们的某些行动。

书面教学反馈则有以下两个不同之处。首先，书面反馈往往更复杂、更详细，或两者兼而有之。因为它是教师花了很长时间批阅，并结合了教师对学生作业的理解而写出的。书面教学反馈充分利用了教师的专业知识。其次，学生们需要更多的时间来解读和理解书面反馈。当我们提供口头反馈时，会使用一些手势、语调和其他非语言因素。这些补充信息也可以帮助学生理解反馈内容。但当我们提供书面反馈时，这些非语言线索都派不上用场，有的只是纸面上的文字。因此学生往往需要更多的时间来理解书面教学反馈。

为学生设计他们对教学反馈的回应和反思类似于在教师提出问题时给学生留出一些时间。当我们向个别学生、学生小组或全班学生提出问题时，我们会等待一段时间然后再让他们给出答案。学生有了一定的思考时间后就能给出一个更有深度的答案。这与提出问题并要求学生立即回答的做法完全不同，后面这种做法往往会令学生输出一些低质量的答案，例如“我不知道”或者直接拒绝回答问题。

留出一定时间让学生能够回应和思考书面反馈的内容。其原则和提问时的等待时间相同。学生们需要空间，以便理解正在进行的活动——也就是我们的反馈中所包含的信息。如果我们不给学生提供这个空间，他们可能就会忘记我们的教学反馈，可能无法告诉教师是否理解教学反馈内容，甚至可能不知道如何根据教学反馈采取行动。

有很多方法可以用于设计学生对教学反馈的回应和解读。以下为大家提供了七个例子：

- 将你的课堂热身活动变成一个反思活动，在这期间，学生可以回顾书面教学反馈，并思考他们如何利用反馈改善各自的学习情况。
- 设计一个课程中间的反思活动，由教师带领学生反思他们最近收到的书面反馈，并鼓励他们思考自己在当前课程中的表现。
- 为批改作业设置好时间表，这样你就能知道何时该在课堂上安排对教学反馈的回应和反思。通过提前规划，你就能清楚何时会返还学生的作业，以及何时是安排反思教学反馈的最佳时间。
- 使用全体会议的时间来帮助学生反思他们最近收到的一份书面反馈。

将学生的注意力集中在反馈与刚讲过的内容的联系上。例如，学生能否解释为什么教师在教学反馈中标注出来的优点是优点。

- 建立一个对反馈进行回应和反思的机制。例如，你可以向学生说明，每次学生收到你批改完的作业时，他们就会自动得到十分钟的回顾时间。在这期间，每个人都要反思教师批改过的作业并给出回应。在此过程中，老师可以抛出一些问题作为支架，帮助学生有条理地进行思考。
- 确定哪些学生将从一对一的反馈支持中受益。在你下发含有书面反馈的作业后，要么在上课期间把这些学生叫到教室前面来，要么把他们叫到办公室去。利用这个机会，与这些学生讨论他们的作业。使用提问、建议和提示的方式，帮助这些学生们回答和反思。
- 创设一个让学生可以写下自己对教学反馈的回应或反思的环境。例如，你可以在你的书面反馈下面画一个方框，并邀请学生填写这个方框。或者，你可以创建一个表格，表格中包括教师的反馈和学生可以写下他们对反馈的回应和反思的地方。

在下一章中，我们将继续探讨有关学生回应和实现学习目标的策略，你可以把下一章的内容作为本清单的补充。

聚焦错误

还有一个教师在输出书面教学反馈时需要关注的方面，那就是错误。对于错误可以采取两种形式：表扬学生，或者给学生们提出建议并告诉他们可以在哪些方面改进。在第一种情况下，我们可以强调学生是如何从他们的错误中学习的，并指出这是学生们的一个优点。如果这些错误是学生接受难度升高的挑战、承担智力风险和挑战自我的结果，我们也可以表扬学生。或者我们可以在学生把试验和错误当作促进学习和理解的工具时表扬他们——这种情况下学生们犯错是难以避免的。

在第二种情况下，我们可以确定学生正在犯的错误，并将这些错误作为我们写反馈的基础，或者我们可以指出，如果学生想提高他们的成绩，他们应该把学习重点放在这些方面。我们将错误作为一种表明学习具有挑战性的信号。而且我们为学生提供了接触教师专业知识的机会，这可以帮助学生突破他们目前的学习能力。

如果你决定将你的书面反馈的部分或全部内容都集中在错误上，那么你需要与学生一起做一些准备工作，以便帮助他们认识错误是什么，以及为什么你要在反馈里指出他们的错误。我建议大家可以采取以下三个步骤：

1. 与学生讨论犯错和难度的关系。帮助他们理解错误并不是一件坏事，而往往是难度水平足够高的标志。举例说明这一点，当然可以以你自己的经验为例。向学生解释试错是我们学习的一个重要方式，我们就是要从犯错和错误中学习。

2. 区分粗心的错误和有用的错误。粗心的错误是指那些学生更细心一些就可以避免的错误。它们是由于学生注意力不集中、急于求成或学习缺乏重点而造成的，并不表明学生缺乏对知识的全面理解。另外，有用的错误让我们获得了可以学习的信息，我们可以利用这些信息来避免学生在未来犯类似的错误。例如，一个逗号的错误使用往往是一个粗心的错误，而错误地使用一个新学的单词则是一个有用的错误，因为这个错误可以帮助我们更好地理解该单词的含义以及如何正确使用该单词。

3. 教师可以为学生示范如何利用好指出错误的教学反馈。具体来说有两个步骤。第一，你需要帮助学生理解这种反馈基本上是中性的或积极的——反馈不具有负面内容。许多学生在这方面有困难，因为他们认为错误就是一个问题——认为错误是他们需要避免而不是他们能够接受的东西。作为教师你需要帮助他们打消这种想法。通过个案研究、实例和范例向学生们证明错误会如何帮助他们快速进步，以及它们都是可供利用的工具。第二，向学生示范他们应该如何接受教学反馈并对反馈加以应用。例如，你可以告诉他们如何识别他们即将犯类似错误的信号，或者你可以给学生一个检查清单，让他们利用检查清单来识别类似错误的出现——这意味着学生可以采取行动来预防这类错误的发生。

把学生的错误写进书面教学反馈里意味着帮助学生把犯错视为学习过程中的一个重要部分。这也意味着你的评分有明确的重点，即识别、强调和纠正错误（尽管你可以让学生自己改错），并提供包含错误的教学反馈。多次这样操作后，你的书面反馈也会有更好的一致性和连贯性。学生们会预料到你的反馈将围绕他们犯的错误和他们针对之前错误所做的修正上。这样就会形成一个良性循环，即学生回应你的反馈、进行改错、从错误中学习进而避免错误，然后随着作业难度的提高犯新的错误，之后你对这些新错误再给出新的反馈，让整个过程持续良性循环。

强调特定知识点

在本章的最后，我们再提供一个技巧，这个技巧可以用来帮助学生把他们的努力集中于学习的某一方面。这个想法是为了使学生在反馈上得到的回报最大化，主要通过帮助学生将精力集中在他们可以在短时间内进步最多的领域来实现。以下是该技巧的操作方式。

当你批改学生作业时，选择他们作业中暴露出的一个具体知识盲点，并强调这一点。最简单的方法是用彩色笔或者荧光笔把这个知识点框起来。

接下来，在距离该知识点尽可能近的地方写下你的反馈，确保反馈的主要内容都是你想要强调的这个知识点。这意味着你不是以概述的形式提供反馈，你的反馈不需要涵盖学生学习的所有内容。相反，你是针对学生学习的某个方面给出高度针对性的反馈。

当你把批改过的作业还给学生时，一定要向学生解释反馈的内容，向他们说明你的目的是帮助他们掌握这个知识点，而不是要求他们反思作业的全部内容。给学生充足的时间来回应并且思考你的反馈。这时候你可以在教室里来回巡视，以便向有需要的学生提供进一步的解释。

接下来你有两种选择。第一，你可以设定一个时间限制，并要求学生根据你的反馈意见立即重新做你标注强调的那部分内容。第二，你可以告诉学生，他们下次什么时候可以根据教学反馈进行修改。例如，在课程的最后一部分。那么学生应该在那个时候准备好再次根据反馈修改错误。无论哪种方式，你都要确保你缩小了学生需要关注的反馈范围。所以这个过程大致如下所示：

- 学生完成作业。
- 教师批改作业。
- 教师挑选出作业中某个特定知识点，强调这一知识点并给出反馈。
- 学生阅读、回应并思考教师给出的反馈意见。
- 学生根据反馈进行修改——要么立即修改，要么过一会儿后再修改。

在一些教学情况中，这是一个非常高效的操作流程。比如，当学生在完成课程作业或进行标准化测试时。在这些情况下，具体的有针对性的反馈可以帮助学生迅速提高其学习中的某个方面。另一个例子是以项目为基础的任务，在这种情况下，教师通过提供有针对性的反馈并让学生立即根据反馈调整任务的实施来帮助学生提高任务完成的整体质量，同时也可以消除学生在犯错时叠加其他错误的风险。

你也可以进一步地使用这个技巧，比如你可以让学生挑战一下，让他们提前告诉你他们认为哪些知识点值得强调和给出反馈。让学生担负起评估自己学习和把学习任务分解成一系列独立模块的责任。换句话说，让学生用教师分析的方式来分析自己的学习情况。

第六章

目标反馈与目标实施

CHAPTER 6

本章导读

在这一章中，我们将聚焦于“学习目标”，展开说明在教学实践中如何设定目标和落实目标。

设定目标

思考：你想通过目标实现什么目的

这个问题是我们继续讨论目标相关内容的出发点。你想让目标发挥什么作用？回答这个问题意味着你首先要理解你为什么要设定目标，你希望学生如何利用这些目标，以及你希望通过提供目标来实现哪些变化。回答这个问题可能不会花费太多时间，但这个问题值得我们关注。如果你不清楚为什么要制定目标，以及希望目标发挥什么样的作用，你就很有可能会陷入一种走过场的流程里，使目标仅仅成为过程中象征性的一部分，而缺乏更广泛的理由来支持其制定。

这并不是说，在这种情况下，目标不会带来积极影响。目标很可能会带来一些积极影响。但我想说的是，如果你有设定目标的合理理由，那么你在课堂上的行动以及你在规划课程和批改作业时的行动都可能会得到更好的指导，并且也会使这些教学活动更契合你的目标。

例如，一位艺术教师可能把自己的目标设定为不断给予学生们挑战，提高学生们的学习质量。这听起来似乎是理所应当的，但其实还有很多其他的可能，比如还可以是教会学生新的思考方式，鼓励自我改正和反思，或者基于元认知的相关目标。为“目标制定”确定精确的内涵，这代表着你能通过你所选择的视角进行评分和反馈。

在这个例子中，我们的艺术教师在评价学生时，会问学生在评价他们自己的作品时是否觉得很有难度，并利用从该问题得出的答案来为他们随后的目标设定提供一些参考。长此以往，设定的目标就会与教师的意图趋于一致。如果你对你的目标缺乏清晰的认识，还妄想试图实现你的目标，那我可以说，你根本不可能实现你的目标。

因此，花几分钟时间问问自己为什么要设定目标，以及你希望通过这个目标达到什么目的。然后用你对这些问题的答案来规划你的评分和反馈。

当然，你有很多理由可以设定目标，所有这些理由都同样有效。没有什么能阻止你在这些理由之间转换，你甚至可能决定将两三个目标列为同等的重要级别。考虑到这一点，我提供了以下七个你可能想关注的方面：

- **主动练习**。指学生主动参与的练习。主动练习与被动练习不同，在被动练习中，学生只是简单地重复一个过程，而没有完全注意到他们正在做什么。而主动练习的目标要求学生在仔细思考的同时重复做一些事情。学生必须完全参与到练习的行为中。这比其他方式更能持续地改善学生们的行为。

例如，体育教师可能会设定以下目标：“我想让你专注于观察球落到球棒上的轨迹。你的视线跟着球，从投球者的手开始盯着球，一直到球落到球棒上。然后当你练习时要考虑你是怎么完成这个动作的。”在这里，体育教师给了学生一些建议，告诉他们如何能够改善他们的击球技术。体育教师通过灌输主动练习的目标来要求学生在做的时候注意手上的动作。该目标的重点是让学生体验击球过程中手部动作的变化并积极改变自己不标准的动作。

这一原则可以应用于课程的所有领域。你可以单独使用它，也可以将它与下述例子结合使用。如果你感觉学生的付出并没有带来你所期望的结果，或者当学生声称重复学习没有意义时，这个方法尤其奏效。在这种情况下，把目标放在主动练习上意味着帮助学生调整努力方向，进而产生更实在的成果，这样一来学生也会更容易看到练习能带来的巨大影响。

- **修改、重写、重做**。许多学生喜欢完成一项任务，然后就继续下面的内容。大部分学生不喜欢被人要求修改、重写甚至重做他们完成的部分或全部内容。学生通常认为这是一种徒劳的努力，或者觉得教师提出的要求不公平。在这些学生的心目中，任务完成后就可以了。

我们知道，有时情况确实是这样，但通常不是这样的。通常情况下，完成的任务往往也会有改进的余地，学生们会从回顾完成的任务中受益匪浅。我们作为教师能认识到把完成的工作看成是一项仍在进行的工作带来的好处，以及把最终成果看作是未完成的任务的好处，而不是这个任务一完成就算大功告成了。

通过把目标集中在修改、重写和重做任务上，可以激励学生改变他们对自己课业的看法，提高任务的完成质量。

这种方法值得推荐，也值得教师多花一点时间向学生解释为什么这个修改、重写和重做的过程值得大家去做，以及一件任务在经过修改、重写和重做后可能会有怎样的变化。这样做的目的是帮助学生更好地理解改正和重写带来的积极影响。通过做这些基础工作，学生们就更有可能会积极回应你的目标，并且接受它，或者不接受也是合理的，但至少应让他们意识到这些目标的功能。

- **改变学习过程。**过程是产生结果、支撑学习的东西。它是可塑的，并且应该是你设定目标时主要的关注对象，正如上文提到的体育教师的例子。就“改变过程”来说，目标通常是教师将自己关于“如何展开更有效的过程”的专业知识传递给学生。这样做的目的是将这种专业知识从教师的头脑中迁移到学生的头脑中，这样学生就可以改变他们输出成果时的过程。

例如，一位英语教师可能会发现一个学生倾向于以意识流的方式写作，而不是先完善和加工想法后再写出文字。那么这位英语教师可以利用自己的专业知识为这个学生设定一个目标，例如，我希望你先弄清楚你的想法，大声把想法表达出来，然后进行总结归纳，这样你就能更清楚、简洁地表达出你的想法，然后再用书面的句子写出来。

这个目标可以帮助学生迈出第一步，去改变自己目前的造句过程。我们可以想象，在此基础上，这位英语教师会在以后的学习过程中给那位学生提出更多的目标。他的目标是帮助学生在一段时间中显著改善其书面写作的过程，并且这位教师意识到这个过程的改变是需要逐步进行而不是一蹴而就的。

- **掌握知识。**掌握知识是学习取得成绩的绝对必要条件。所以有时你会想把目标集中在掌握知识上。在这些情况下，通常是要帮助学生提高他们知识的深度、广度和准确性。这往往需要学生能够自己重新审视他们已经学习过的知识点，以获得更深刻的理解。然而这也可能意味着教师要关注学生的错误和对知识点的误解。这些误解之所以会出现，要么是由于学生们的知识掌握得不够牢固，要么是由于他们对知识的运用还不够熟练。

例如，一位科学教师可能会设定这样的目标：比较你的答案和标准答案之间的区别。看看标准答案中包含了多少科学性知识。我希望你能回顾一下自己的笔记，找出缺乏细节的地方。然后你就可以改进你的答案。这里的重点是帮助学生理解他们在任务（即回答问题）中的表现与他们目前掌握的知识直接相关。这样的目标能够引导学生补充完善这些知识漏洞。

你也可以为学生提供可帮助他们掌握知识的不同技巧的建议，这也很有用。例如：实践测试；综合多个知识点并用新形式呈现出来；将知识应用于任务或问题中；画出思维导图；向同伴或者父母讲解自己学到的知识。所有这些技巧为学生们提供了有助于掌握知识的积极方法，还能令学生们重新审视、发展然后提高他们现有的知识水平。在这个过程中，学生们将从更广泛和更细致的层面上深化对知识的理解。

- **提高任务难度。**你还可以将你的目标设定为提高任务的难度。这包括评估学生现有任务的挑战难度。当你在批改学生的作业时，你会问自己，在没有任何支持的情况下，这些作业是否已经把学生推到他们能力的极限了，以及它对学生思维技能的挑战是否已经跳出他们能力的舒适区了。

根据这些信息设定目标意味着教师首先要确定学生目前已有的挑战程度，然后再明确接下来合适的挑战难度，即确认挑战难度该与学生现有水平相当还是应该超越学生的现有水平。

例如，一位数学教师在批改学生作业时，可能会发现情况不同的两个学生，一个学生觉得当前的任务具有一定的挑战性，而另一个学生则明显觉得这些任务过于容易。就前者而言，一个对这位学生来说具有挑战性的目标就不需要再添加任何新的挑战了。可以通过要求该学生坚持完成目前的任务或者再思考一下任务的其他方面来增加挑战度。而在后一种情况下，学生需要一个超出目前班级其他学生能力范围的目标。这也说明对当前挑战的评估可以帮助定义接下来什么样的目标是具有挑战性的。

当你想要提高挑战难度时，可以让学生指出何时以及哪些内容的作业对他们来说过于简单，然后你可以利用这些信息来设定合适的目标。这代表你邀请学生参与到了任务难度评估的过程中。这一做法既能提高学生的学习独立性，又能鼓励他们用积极的态度看待难度较高的任务，进而努力去完成难度高的任务而不是遇到困难就避开。

- **拓展学生的思维。**这是针对目标设定动机的倒数第二条建议。有可能你想将目标功能设定为拓展学生的思维。这既可以是一个贯穿全学年的目标，也可以是你在某个教学阶段（如一个新课题的开始）想要达到的目标。无论是哪种情况，你设定的目标类型都会因你的选择而改变。这再次表明，是否明确设定目标的动因，会对学生收到的教学反馈以及他们接下来的努力方式和方向产生微妙但明显的影响。

以下是一些可供大家选择的目标，这些目标的功能就是为了拓展学生们的思维。

1. 识字课。我想让你尝试阅读一本不同类型的书，或者你也可以选择一些你通常不会读的书。然后告诉我你对书目选择有什么想法，我们还会讨论你应该如何把阅读中获取的一些想法应用到自己的写作中去。

2. 地理课。选择一个你知之甚少的欧洲国家。接下来你需要研究这个国家的经济、地理和人口状况与英国的相似点和不同点。然后告诉我你如何将你的研究结果应用到未来的学习中去。

3. 基础科学课。从列表中挑选一种你不太了解的材料。然后，与选择相同材料的人组队。你们小组的目标是成为这一材料方面的专家，并准备好向班上其他同学介绍你们选择的材料。

在每个例子中，教师都在使用目标来拓展学生们的思维——要么是超越课程科目的界限，要么就是跨越学生们熟悉的事物。

- **提高学生的独立性。**最后一个建议是提高学生学习的独立性。如果这是你想通过目标达到的功能，那么你需要考虑如何通过教学反馈帮助学生对他们的任务和学习掌握更多的自主权。这个建议可能适合你班上的所有学生，也可能只适合少数学生。例如，你可能会发现有些学生很难自己摆脱被动的学习方式。这些学生倾向于认为他们无法控制自己的命运，因此他们的努力程度并不能影响他们的学习结果。

提高学生独立性的目标通常是帮助学生采用新的思维或学习方式。这样做的目的是将学生的观念从被动转为主动，即由他们自己决定如何学习。在这种状态下，学生理解并相信自己具备独立学习的能力。

下面是三个例子。

- 当你发现任务具有挑战性时，我希望你能尝试采用一种不同的方法，看看它是否奏效，如果不奏效，那就试着找出原因。如果你仍然觉得这个任务很困难，那么请告诉我。我们可以一起讨论你的每一次尝试，并一起寻找替代方案。

- 我希望看到你在学习中更多地运用试验和错误，而不是在你认为自己无法成功时就轻言放弃，尽量多尝试一些东西。不要担心出错。大胆尝试并思考，想一想错误是怎么出现的，然后看看你能从错误中学到些什么。

- 在向我寻求帮助之前，确保你已经做了以下三件事情：自己思考问题，自行查阅书籍，询问同伴的建议。如果你依旧卡在这个问题上，那么你可以来找我讨论。如果没有，那就说明你已经能够靠自己解决这个问题了！

在这些例子中，注意你设定的目标是如何鼓励学生把自己看作是学习的主要推动者的。这其中隐含的信息是，通过坚持和控制就更有可能获得成功，而不是通过放弃或屈服于自己什么都不能改变的消极看法。

以上这些动机范例并不全面，但确实涵盖了一些关键内容，并让大家看到了设定目标功能能够带来的影响。你可以从我所举的例子中选择，从而确定你自己的目标，或修改上述任何一个例子。无论如何你都要记住，核心信息是：为目标明确一个功能，它能够解释你正在做什么以及你为什么要这样做，这将提高你工作的效率。

关于目标和目标设定的更多内容，请阅读第十章，在那里你可以找到150个范例目标。接下来我们需要考虑的是目标的落实。没有对目标采取行动，你的目标很可能不会给学生的学习带来你所期望的影响。事实上，单就目标本身而言，可能根本就没有任何影响。

目标落实

为学生实施目标预留时间

学生需要时间来落实他们的目标。如果没有这个时间，那么设定好的目标很可能会消失在空气中，并且永远不会被有效地付诸实践。虽然有些自觉的学生可以在没有额外支持或具体时间的情况下也能落实他们的目标，但大多数学生并不具备这样的技能或这样的自觉性。

课程进度往往催促着老师一个单元接一个单元地进行，而没有预留出让学生进行反思和落实目标的时间，这种情况下，这个问题就更显得突出了。一个常见的情况是在一个单元教学结束时教师给学生们的作业打分，在下一个单元教学内容开始时学生收到了写满反馈的作业，然后教师就开始新单元的教学，而不给学生任何专门的时间来对收到的反馈采取任何行动。

在本章的剩余部分，我们将探讨五个可以用来帮助学生落实目标并仔细思考收到的反馈的技巧。需要注意的是，这些所有的技巧都有一个共同的前提，即教师应该考虑如何以及何时让学生有机会实现他们的目标，这一前提应该贯穿于他们目标实现计划的始终。每种技巧都配合了对应的课堂实例进行补充说明。

除了下面的技巧外，你还可以考虑一下其他可以将落实目标的过程融入课程的方法。例如，在开展教学活动期间在班级中四处走动，并提醒学生想着他们的目标。或者将课程设计为你与一些小组的学生进行紧密的合作，并帮助他们落实目标，而班上的其他学生则独立实现他们的目标或独立完成其他的任务或活动。

指定改进方向和反思时间

D.I.R.T.这四个字母代表指定改进方向和反思时间（Directed Improvement and Reflection Time，D.I.R.T.）。这意味着教师要留出一段时间，让每个学生都专注于检查反馈并且尝试实践反馈内容。例如，一位小学教师可能会决定每天进行一次D.I.R.T.活动，每次20分钟。那么在这位小学教师的工作日志中，会有一个不可撼动的红色方框，里面写着指定改进方向和反思时间的活动。

每次进行D.I.R.T.活动时，教师都会和学生一起专注于回顾、反思和实践反馈内容。活动期间教师可以在教室里四处走动，向不同的学生提供帮助。教师也可以与一两个学生密切合作，帮助他们理解自己目标的具体含义，指导他们如何在学习中做出有效的改变。另一个选择是，教师与收到相似反馈内容的一个学生小组进行密切合作。

无论D.I.R.T.活动以何种形式展开，它都可以确保给学生提供专门的时间集中精力在反馈和目标上，它能够防止学生们迷失、遗忘或忽视各自的目标。

例一：某中学的英语教师每周都会与九年级学生见面四次。他决定在第四节课的前20分钟里不教任何新的内容，只是进行D.I.R.T.活动。唯一的重点就是现有的反馈和学生正在努力实现的目标。教师应向学生解释他们正在进行的这一活动是什么以及为什么要做它，这样一来学生就能接受这个过程。此外，他们还应提前决定如何最高效地利用他们的时间——是否需要教师在教室里巡视，是否需要教师提供支架式教学或模仿式教学，或者是否需要与指定的学生们一起讨论。根据班级学生们的需要，每周都会有一些形式调整。随着时间的推移，学生逐渐开始期待每四节课都有一次D.I.R.T.活动，他们逐渐把这活动看作他们日常学习的一部分。正因如此，学生们认为回顾、反思并努力实现目标是再正常不过的了——正如教师期待看到的一样。

例二：一个小学体育教师在上课的前10分钟里进行D.I.R.T.活动，因为体育教师并不能经常见到学生，所以教师并不总是有时间给予每个学生详细的个人反馈。为了克服这个问题，他为每次D.I.R.T.活动制定了一份包含十个目标的清单。这位体育教师把这个清单打印出来，带着清单去上课。D.I.R.T.活动一开始，体育教师就拿出自己的目标清单，请学生从中选择一个目标，然后在课程的前十分钟里集中精力去实现这一目标。体育教师在制作清单时综合考虑了学生在过去几节课上的表现以及他们的长远目标。这确保了每个学生都可以在清单上找到适合自己的目标。当学生正在试图实现他们选择的目标时，体育教师就在学生们中间走动，给学生们提供建议和进一步的反馈，就像前面的例子一样。随着时间的推移，学生们已经习惯了这种做法，并逐渐开始期待体育课上的D.I.R.T.活动，也因此将该活动视为体育课的常规内容。

学习目标追踪表

使用一张A4纸，将纸分为三栏。在第一栏的顶部写上“日期”，第二栏写上“目标”，第三栏写上“实现日期”，然后你就有了一个学习目标追踪表。就是这么简单。

把这张表贴在学生的书本前面，这样教师和学生们就有了一个有效的手段来追踪自己学习目标的实现过程。这就避免了迷失学习目标的风险，或者是设定好的学习目标被下一项任务所取代等，这也使教师更容易重新引导学生实现他们的学习目标。例如，你可以要求他们在一节课开始时看一下他们的学习目标追踪表。学生在收到这种提醒后就会相应地集中精力于实现目标上。

另一种做法是让学生在一堂课进行到中间时检查他们的学习目标追踪表。例如，你可以在进入主要教学任务后说：“大家花点时间看一下你的学习目标追踪表。你当前的目标是什么？大家认为在这个活动中自己可以如何努力来实现这一学习目标呢？”

这个表格并不是什么伟大的创新。这只是一个简单的系统，它通过表格的形式来保持学生对各自学习目标的关注。这个表格的出现使学生参考学习目标的过程变得更加容易和更直截了当。

一个额外的好处来自“实现日期”栏。通过把这一点加入目标追踪表中，你是在向学生表明，目标的实现是一个持续的过程。因此他们应该持之以恒地付出努力。而且，作为教师你也会随时检查这个问题。在做课程规划时，你可以根据它为课程划分阶段，每个阶段你都需要在教室四处走动并询问学生目标的完成度。然后，你可以在适当的地方和时候在学生们的目标追踪表上签字。这张表带来的另一个好处是你可以使用学生们的学习目标追踪表来集中评分。当你批改作业时，要牢记学生们当前的学习目标。如果你觉得他们已经达成甚至超越了这些学习目标，你就可以在目标追踪表上签字。如果没有，那你可以根据这个情况调整你的反馈内容，并就如何有效地达成目前的学习目标给予学生一些额外的指导。

例一：一位历史教师给了班里所有学生一个目标追踪表。学生们用表格来记录自己收到的目标。这位历史教师计划在每节课开始时，让学生回顾各自的目标追踪表。每次他们回顾的方式会略有不同。有时教师只是要求学生注意当前的目标并思考他们在接下来的课程中可以怎样做；有时教师会向学生解释接下来的活动，并要求学生与同伴讨论他们可以如何利用这些活动来实现自己的目标；还有些时候教师将开场白变成反思活动，让学生回顾他们的目标追踪表，并与同伴讨论各自取得的进展以及他们是如何做到的、指引他们前进的目标是什么以及他们接下来需要怎么做。

例二：一位小学科学教师也给所有学生发了一个目标追踪表。在做课程规划时，他们明确安排了学生有机会推进各自目标的几节课。然后在这几堂课上，科学教师要求学生在课程开始时回顾他们的目标追踪表。在课上，教师也会提醒学生们回顾自己的目标。这位教师还要求学生对他们目前目标的完成程度做出判断。最后，科学教师在课程结束时带领全班同学进行了一次全体会议，在会议上同学们的关注焦点就是对目标执行情况的反思和对目标追踪表的跟进。

以课程活动为基础的目标实施

合理规划你的课程，使学生有机会通过接下来的课程和适当的任务推进他们的目标。例如，一位平面设计教师可能给学生提供了有关“遵循设计要求”任务的反馈，每位学生都会收到他们自己的学习目标。然后他会再安排一节课，给学生提出新的设计要求，让学生在完成任务的同时推进各自目标的落实。

以下是以课堂活动为基础落实目标的要素：

1. 学生完成一项任务。

2. 教师对该任务给予反馈。

3. 教师规划一节课程，课程的重点是一项学生可以实现目标的活动。

4. 学生收到反馈，然后复习各自的目标，并尝试在主要学习活动中实现这些目标。

你几乎可以在任何情况下使用这个流程，而且该流程可以确保学生有机会立即根据教师的反馈采取行动。这一做法还能让学生时刻记得他们的学习目标，从而避免了他们刚收到反馈就抛诸脑后的情况，也能使学生积极参与到完善某项教学工作的过程中来。

以教学活动为基础的目标落实的唯一缺点是，教师确实要提前规划安排。这意味着教师需要提前相当长的时间来计划上述流程中的四步。虽然每一步的任务并不繁重，但这确实意味着教师需要灵活安排，否则可能很难规划好能让学生推进各自目标的适当活动（即上述流程中的第三步）。尽管如此，这个缺点还是比较容易克服的。一旦你熟悉了这一技巧，这个缺点也就不攻自破了。

例一：一位哲学研究教师收到了学生们写的关于“哲学与科学的关系”的短文作业。他批阅并打分后，又规划了一节新的写作课，这次的写作主题是“哲学与政治的关系”。在课程开始时，教师下发了学生们写的作文。他给学生留出时间，让他们反思自己收到的反馈并思考他们的目标是什么。然后，这位教师主持了一次全班讨论，简要讨论在写文章时如何更好地实现目标。在课程的剩余时间里，学生们将研究、计划，然后进行论文写作——之前对目标以及对如何改变自己的写作方式（较之上一次）的思考都将在此时派上用场。

例二：一位经济学教师布置了一系列的题目让学生们完成。作业收上来后教师进行了评分，然后他安排了一节课，课上他会让学生做一组类似的问题，只不过问题的重点不同。学生收到教师批改的作业后，阅读了教师的反馈，并与同伴进行了讨论。然后教师要求学生再去询问两个同伴，请他们谈一谈各自收到的反馈，他们的目标与近期学习情况的关系，以及他们打算如何应用反馈。这是一个帮助所有学生厘清、编辑并完善其思维的过程。然后，课程继续进行，教师向大家介绍了新一轮的测试题目，他请大家进行作答并尝试在这个过程中推进自己的目标。

为学习目标的实施提供示范和指导

有时，学生在落实学习目标时十分费劲。他们可能不理解这些学习目标，或者可能发现改变行为的过程很困难，又或者他们可能很难看出自己的学习目标与目前的学习状况之间的差距。在这些情况下，我们就可以使用模仿式和支架式教学法作为教学工具，来帮助学生更轻松地推进目标的落实。

为学习目标的实施提供示范可以采取多种形式。这些形式包括：

- 向学生展示如何实现一个学习目标。例如，美术教师可以向学生展示他们目前是如何运用颜色的，以及在他们成功实现目标后，将会如何运用颜色。

- 创造一个可供大家模仿的作品。例如，法语教师可以写一篇文章，展示出学生成功实现目标后应写出的文章范式。

- 与学生讨论一个新的过程。例如，一位数学教师可能会先让学生了解他们目前的（不正确的）思维方式，然后再让他们了解正确的思维方式——学生在实现目标后将会使用到的思维方式。

在每一个例子中，我们都可以看到教师为学生树立了目标成功实施的范例，这会使学生们的学习变得更容易。他们现在知道自己的目标是什么了，而且他们面前有一个可以借鉴或者模仿的范式。

为学习目标的实施提供指导也可以采取多种形式。这些形式包括：

- 敦促学生思考一个特定的方法。例如，一位生物教师可能会提示学生考虑使用他们以前使用过的、使目标成功实现的方法。

- 给学生提供有关成功实施目标的线索。例如，体育教师可能会指着班上的一个学生说，这位同学已经能够做到大家尝试做的事情了。然后可以邀请其余同学观察并询问他们的同伴是如何做到的，这样学生们就能从同伴身上了解到一些成功实现目标的线索。

- 提出一些不同的事情供学生思考。比如，一位公民权利课的教师可能会建议学生思考一下，在面对不同的听众时，他们的演讲在视觉、听觉和感觉上应该有什么不同。这些建议将直接与学生试图实现的目标相联系。

在每一个例子中，教师都会给学生一点指导支持——支架。这些支持帮助学生完成了一部分工作，为他们指明了正确的前进方向，接下来就可以把主要的实施工作交给他们去做了。

学生能力展示

与目标落实相关的最后一项技巧是能力展示。这指的是在一堂课中，我们给学生机会让他们向教师或同伴展示自己的能力。这意味着要规划出以展示学生能力为主要内容的课堂，并且要向学生解释课程的主要内容以及我们这样做的原因。

展示能力意味着学生要展示出自己已经成功实现了所设定的学习目标。获得能力指学生可以成功展示出他们提升后的方法、知识、理解或技能。例如，一位纺织课教师可能会给学生设定一个“提高纺织精密度”的目标，以使作品具有更专业的外观。然后，教师会规划一节课（或几节课），让学生有机会可以以此为目标进行练习，然后再进行能力展示。

如果教师对学生成功展示的能力感到满意，这意味着学生就已经实现了目标。然后他们可以转向一个新的目标，新目标的设定也是基于教师的专业知识以及其他因素。然而，如果教师认为学生还没有展示出相应的能力，那么教师可以利用这个机会给学生提供进一步的帮助、支持和指导。

规划这种课程实际上是要考虑如何将学生为实现目标付出的努力公开化。一旦公开了学生们的努力，教师就可以更快、更容易地判断学生当前的学习状况并给出反馈。

例一：有一位教小学读写课的教师，他最近给学生提供了写作反馈。每个学生都有一个正在努力实现的目标。这位教师规划了一个包含三节课的系列课程。在前两节课中，学生们有充分的机会来练习如何实现他们的目标。在第三节课上，让学生展示各自的能力将成为课程的重点环节。教师希望在第三节课上评估哪些学生已经成功实现了他们的目标，哪些学生的目标还没有实现。然后，教师就可以给予适当的反馈和支持来帮助那些还没实现目标的学生们。

例二：一位哲学教师告诉学生如何更有效地进行辩论。班里的每个学生都有一个目标。哲学教师也在接下来的两节课中计划了一系列的活动，让学生有机会在各种不同的环境中实现他们的目标。除此之外，哲学教师还设计了反思的时间，在此期间，学生可以反思他们取得了多少进步，讨论自己表现出的优势和劣势，并决定如何继续前进。在第二节课结束时，教师布置了一篇文章。学生们应在课后完成这份作业，并且如老师所要求的，学生应在写作的过程中尽力展示他们的目标所要求的能力。

第七章

教学反馈策略与技巧

CHAPTER 7

本章导读

在这一章中，我们将研究一些之前章节没有提到的反馈技巧。本章的目的是提供一些进阶版的反馈技巧，从而帮助教师最大限度地提高教学反馈的有效性和影响力。我会清楚地解释每一种反馈技巧，然后通过两个不同的课程科目进行举例示范。这些范例提供了具体情境，同时展示出如何应用这些技巧。本章的内容以前述章节的内容为基础——尤其是第一章和第二章中的观点。因此，第一章和第二章中出现过的内容在这里不会再出现，但这些观点是隐含在这一章的内容中的。

适用于全班学生的反馈清单

这个方法可以为你节省大量的时间，同时还可以确保为班上的所有学生提供个性化的反馈。教师在批改完一套练习后，与其在这些练习册上写下形成性反馈，不如将各种反馈意见列成一个目标清单。这个清单应该能够包括班上所有的学生——每个学生都应该能够在清单上挑出至少一个与自己相关的学习目标。

在下节课，教师需要下发批改过的作业，并在黑板上展示清单内容。你要向全班学生解释，你已经判完所有作业了，而这份清单综合了所有的作业反馈内容，它涵盖了所有你认为适合全班学生的反馈。接下来教师可以请学生们通读这份清单，然后再对比他们自己的作业，进而选出最适合自己的目标。在这一过程中，教师需要在教室里巡视，以便观察学生选择了哪些目标。如果有的学生选择了一个不合适自己的目标，或者一个太容易或太难的目标，那么教师需要建议他们换一个不同的目标。

当所有学生都确定了一个适合自己的目标时，教师再给学生们一些时间让他们对这些目标采取对应的行动。例如，重做他们的部分作业。这对教师来说又是一个在教室里巡视的好机会。教师可以边走动边为学生提供支持和指导，或者提出一些问题，以扩展他们的思维，并为学生们示范如何才能成功实现目标。

例一：读写课。教师批改完作业后，列出了以下清单，在下节课开始时，教师可以先把作业发给学生，然后将这个目标清单展示在黑板上。

1. 缩短句子长度。

2. 对不确定如何拼写的单词要查词典。

3. 利用标点符号来分隔长句子。

4. 确保你在写作中保持相同的时态。

5. 利用不同的方式来开启你的句子，不要总是使用第一人称“我”。

6. 如果你以第三人称开始写作，后面就也继续以第三人称写。

7. 在写作中增添更多的细节——尝试描述更多的事物。

8. 使用同义词库，丰富你的用词。

9. 确保你写出来的是完整的句子。

10. 看看你在哪里使用了大写字母，哪些地方可以改变一下大小写？

教师需要给学生提供机会去翻阅收到的练习。然后，请学生们看一遍反馈清单并明确与自己练习中暴露出的问题最相关的目标。如果学生们找出的相关目标超过一个，那就请学生选出他们认为最重要的一个。然后给学生提供时间，让他们可以针对自己的目标采取行动。与此同时，教师应在教室里巡视并给学生们提供相应的指导与支持。

这里我们可以提到几个变化。首先，教师可能选择不在教室里四处走动。相反，教师可以提前确定少数几个他确定会从一对一支持中受益很多的学生，然后可以利用落实目标的时间来支持这些学生。其次，也可以不由学生来选择目标，教师可以在学生练习册上写下一个数字，对应清单上一个适合他们的目标。使用这个方法时，教师应先批改完所有的作业，然后列出反馈目标清单，接着再回到学生的练习册中，在他们的作业后面写上一个数字。

例二：地理课。教师批改完一套作业后，制作了以下反馈清单，在把作业下发给学生们后，教师将该清单展示在黑板上。

1. 用具体的例子来证明你的观点。帮助读者理解为什么你的论点是有说服力的。

2. 评估你使用的论据。找出论据的优点和不足，或者用不同的论点来互相批判。

3. 在你的论述中更详细地阐述。全面解释你的观点——想象一下，你的读者对这个话题毫无头绪，需要你来帮助他们厘清头绪。

4. 避免使用俚语，多使用专业性语言。试着像一个地理学家那样写作，重点是使用我们所学的地理术语。

5. 在你的作业中比较不同的观点。揭露不同观点之间的相似性和区别。这样做有助于展现你分析关键信息的能力。

这个清单比读写课的例子要短，因为这个作业的性质决定了学生们基本会犯类似的错误。教师将清单作为一种教学工具，不仅可以帮助学生提高一般意义上的作业质量，还可以帮助学生变得更贴近评分标准的要求。所以教师也需要向学生展示评分标准，并向他们解释不同章节与学习目标的对应关系，以及这些目标在一份优秀的地理作业中是如何体现的。这种方法有助于学生更好地理解他们为什么要改进自己的作业，以及实现这一目标可能带来的影响。

错误汇总表

错误是学习的一个组成部分。错误为我们提供有效的信息，帮助我们调整未来努力的方向。试错的前提是我们能够从所犯的错误中吸取经验并在之后的试验中依据所学采取行动。当学生犯错时，教师就可以给学生提供有用的反馈。这种反馈通常集中在为什么学生会犯错以及如何避免重复犯错。我们正在帮助学生了解他们犯错的原因以及他们可以从错误中学到什么。

错误汇总表是一种提供这类反馈的不同方式。教师不是等着学生犯错，而是提前告知学生他们可能会犯的错误以及大多数人在某个特定学习主题中经常出现的错误。

错误汇总表汇集了学生在学习某一内容时常犯的错误和误解。教师可以利用自己的教学经验来构建错误汇总表。与学生不同，教师有这些教学经验可以利用。当学生们第一次学习这个知识点时，我们可能已经是第五次或第六次教这个知识点了。在我们以前的教学工作中，我们已经看到学生犯了某些错误，产生过某些误解。

我们将这些信息整理成一个能够分享给学生们的错误汇总表，错误汇总表是一种主动出击的反馈形式，我们需要告诉学生：

- 每个人都会犯错，这没什么可担心的。
- 错误是学习过程的一部分。
- 以下是我在过去看到的学生所犯的一些错误，以及他们为什么会犯这些错误。
- 利用错误汇总表来辅助你。如果你犯了一个错误，请查阅错误汇总表，看看你能从中学到什么。
- 留意你视线中可能出现的错误。熟悉你的错误汇总表，准备好在自己的学习中随时发现错误或误解。

在第一次下发错误汇总表时，教师要让学生们先看一遍。教师需要解释并强调你所整理的错误的性质——为什么它们是错误，错误是学习哪部分知识时产生的，学生可以从错误中学到什么，以及学生可以利用错误汇总表的不同方式——作为分析自己作业的一个工具，或当作备忘录，或作为更好地理解某个学习主题的入门读物。

最后，鼓励学生在学习过程中参考这些错误汇总表。学生可以把错误汇总表放在自己的手边，以便学习时多多使用。然后，你可以在教学活动中以及在课程开始和结束时给学生们示范如何使用错误汇总表。这样做可以帮助学生了解应该如何使用他们的错误汇总表，以及这样做的好处。

例一：体育课。一名教师正在教授田径投掷相关的单元。学生们正在尝试投掷铁饼、标枪和铅球。教师为每一个项目都制作了一份错误汇总表，将它们打印在A3纸上，装订起来，然后复印三份，分别放在三个投掷区。在带领学生学习这些项目时，教师会鼓励学生看一看错误表格，了解他们在投掷过程中可能会犯的一些错误，以便掌握这些技术。体育教师会给学生解释为什么会出现这些错误，这些错误可能对投掷距离产生什么影响，以及如何避免犯错。

学生在练习时也可以参考这些错误汇总表。你还可以进一步引入同伴评价。当一名学生投掷时，他的同伴可以拿着错误汇总表作参考，然后以此为依据给出反馈。这可以提高反馈的质量，收到反馈的学生也可以放心接受，因为他收到的反馈是与教师提供的初步分析（书面错误汇总表）一致的。

例二：生物课。生物教师制作了一张错误汇总表，里面的内容包括学生在学习遗传学的第三个关键阶段时常犯的错误和一些误解。教师使用文字和图片的方式，并将纸张分成两半，以便每个错误或误解后面都有一个正确的答案、方法或思维方式作为参考。这样就形成了一张标准的错误汇总表，左手边是错误和误解，右手边是对应的正确方法。

教师在学习单元开始时将其分发给学生们，并给学生时间进行小组讨论。教师可以提出一些问题以推进小组讨论，包括“这些错误或误解是否有你认为你已经犯过的？”接下来，教师引导全班同学进行讨论。首先，学生们分享各自的想法。然后，教师将错误汇总表上的部分或全部内容分条讲解。当教师讲解时，可以让学生注意左边一栏和右边一栏的主要区别。这个过程是在帮助学生提前了解这一主题的关键方面的逻辑，以及为什么在这方面可能会出现错误或误解。这个过程的作用是让学生直接获得生物教师的专业知识。最后，生物教师要求学生将错误汇总表放在自己的手边，以便在接下来的课程中继续使用。

预先反馈

我敢打赌，作为教师，在绝大多数的教学活动中，你事先知道你可能会给出的绝大部分反馈。这是因为你是传授知识方面的专家，你掌握着大量关于你所教授的科目的知识。这个储备知识还包括你以前的学生在进行这项任务时的表现，除了新上任的实习教师，其他教师都会有这样的储备。

预先反馈是指你利用你的专业知识和过往经验提前勾勒出一些关键的反馈内容，以帮助学生改进他们的任务完成情况。让我们通过一个例子来解释这一点。

在一节英语课上，英语教师策划了一个课堂活动，要求学生写一篇议论文。这位教师在议论文写作教学方面颇有经验，也组织过相似内容的课程。因此他有能力准确预测出学生会犯什么样的错误，在写作时会忽略什么，以及他们在议论文写作中无法做到的事情。这意味着英语教师处于一个可以给出预先反馈的位置上。虽然这些反馈是教师在学生完成任务之前就整理出的，但它们依然是符合学生需求的。

我们可以想象一下，英语教师在上课前坐了下来，这位教师先过了一遍自己的课程规划，然后把重点放在开展议论文写作的活动上。根据教师的专业知识和之前的教学经验，他确定了五个关键性的反馈，他认为这五点反馈是班上大多数学生在进行任务时需要用上的。于是教师在课件中添加了一张幻灯片，详细解释了这五点反馈。在课程进行中，当学生的议论文写作任务完成了三分之二时，教师就会展示这张幻灯片。这样一来，班上的每一位学生都可以根据他提供的反馈来改进自己作文的某一方面。而且，如果有任何学生的问题没有出现在这五点反馈中，英语教师可以在任务最后三分之一的时间里直接与这些学生一起完成，给这些学生提供个性化的反馈，然后再鼓励他们修改自己的作文。

反复使用这种反馈技巧可以使学生习惯于把自己的作业当作活动进行中的一个待打磨的作品，而非最终成品。这有助于学生看到自己的努力是可以带来一些改变的，也有助于学生把反馈看作一个标准步骤——它是教师自发给予的，旨在帮助学生进步的一个环节，哪怕是在他们第一次尝试某任务时。

例一：历史课。历史教师规划了一节让学生研究第一次世界大战中各种资料的课程，所有资料都来自战争早期阶段。课程的首要目标是帮助学生了解当时普遍存在的不同看法，并鼓励学生对一系列资料进行批判性思考。因为之前教授过这门课，所以这名历史教师知道，这项活动的前半部分主要是学生们自己搜索、理解、吸收和解释资料内容。考虑到这一点，历史教师事先准备好了针对课程后半程目标——鼓励学生对资料进行批判性思考——的预先反馈。历史教师准备了以下五个预先反馈的目标作为主动出击的反馈，他打算在课程活动进行到一半的时候再向学生们公布这些反馈内容：

1. 对比两个资料来源。重点是找出资料所展现出的观点的相似性和不同点。

2. 思考资料所展现的观点在多大程度上可能是真实的。分析资料的来源，并以此来衡量这些战争资料的可靠程度。

3. 试着解释为什么战争资料中出现了不同的观点。思考作者的观点，并参考作者以前的经历。

4. 评估这些资料在解释人们对战争的普遍态度时的作用。思考一下还缺少哪些人的观点，以及我们可以获得哪些人的观点。

5. 以一份资料的观点为基础，对其他的资料进行批判性分析。选定一个资料，以它提供的观点为视角来分析其他资料，并探索如何利用它更好地理解其他材料。

请注意这种反馈是如何引导学生使用更复杂的认知过程的。考虑到教学活动的形式，可能大部分学生在任务的中间阶段还没有开始以这种方式思考。教师制定预先反馈的目的在于帮助学生提升思维能力，并且向学生释放出一种信息，即反馈（以及根据反馈采取行动）是学习过程中的一个重要特征。

例二：美术课。美术教师正在规划一节静物绘画课，美术教师之前也教过这门课，所以在制定预先反馈时有丰富的既往经验可以参考。他知道学生可能会犯什么样的错误，以及学生们首次尝试时需要重点关注的地方。为了达成这个目的，教师制定了以下的预先反馈清单，并计划在美术课进行到一半时与学生们分享该反馈清单。

- 线条。看一下你对线条的使用。想一想你如何能更好地呈现出静物的线条。观察静物的轮廓走向，以及你能在静物中看到的形状。
- 比例。比较你的画中物体的比例和实际静物的比例。试着调整你的绘画比例，使其更接近于你看到的静物。
- 透视。想一想你是如何在绘画中体现出透视的。再看一下静物。考虑一下你对透视的使用是如何影响你的绘画的。试着想一想，如果采用不同的透视方法，可能会有什么不一样的效果。
- 阴影。看看你使用阴影的方式，以及对阴影的运用是否达到了你的预期目的。在你的画作的另一部分尝试不同的阴影方式，并比较两种方法的不同。
- 准确度。找出静物的一部分，仔细观察。思考你的画作表现得是否准确。找出你可以提高画作准确性的方法。
- 尺寸。比较你视线中静物的不同元素。问问自己，你画中的尺寸是否与你能看到的尺寸相同。找出你可以改变画作的方法，使尺寸更接近于实物的比例。

我们可以观察到美术教师是如何利用自己的专业知识来输出预先反馈的，学生们在活动进行到一半的时候获得了预先反馈，并可以利用反馈来改善他们目前的绘画过程。这些反馈也引发了学生们的进一步思考，以及绘画方法上的改变。

美术教师还可以选择在绘画活动开始之前给学生们分享预先反馈。采用这种方式时，教师首先利用自己的专业知识让学生了解他们可能会忽略的或者需要进一步深入探讨的地方，然后学生带着这样的信息在任务开始前就对自己会如何做进行思考。

转换角色

有些学生很难积极地参与到反馈中去。因为这些学生可能将反馈视为一种对自己的攻击，并因此尝试放弃理解反馈。这可能是由于学生们过去的经验、自我认知或整体的学习态度造成的。作为教师，我们可以克服这个问题，并帮助学生从更积极的角度看待反馈。克服这个问题的一种方法就是使学生脱离自己作为学生的角色。与其告诉学生你认为他们的作业中有哪些优点，哪些地方可以改进，不如让学生与你一起合作，从旁观者的角度思考自己的作业。例如：

- 如果这是别人的作业，我们可以针对他的作业给出什么反馈呢？
- 如果这是其他学校学生的作业，我们可以如何来评价呢？
- 想象一下，一个专家在看这个作业，比如说是某位研究实验室的科学家，假设我们作为科学家，我们可能会喜欢这个作业中的哪些方面？又会对这份作业提出什么样的修改建议呢？

- 上一学年的学生会如何看待这份作业？在他们眼中，这份作业的优点和可以提高的部分分别是什么呢？
- 假设你是教师，你在批改这篇作业时看到的优点和可以改进的部分分别是什么呢？

在这些例子中，教师邀请学生参与到给出反馈的过程中来。他们通过要求学生从别人的角度来思考，并利用这个角度对自己的作业进行批判性思考。这就是脱离学生角色的技巧。在这种技巧下，学生们不再觉得反馈是对他们自己发出的，而是会以一个更加客观的角度审视自己的作业。

当然这种技巧不会总是奏效，这在一定程度上取决于学生对反馈的防御程度，但实践证明，这一技巧往往是有效的。你也可以把这个技巧作为个普通的用来帮助学生思考他们自己作业的工具，即使学生们不是特别拒绝接受直接反馈。这种技巧让学生从不同的角度来看待自己的作业，并通过第三方的视角来思考自己的作业完成情况。这有助于他们获得一些启发，也是一种让他们对自己的作品进行批判性思考的方式。

例一：社会学课程。社会学教师给学生们下发他们写的论文，教师已经批改了这些论文。但他并没有直接解释这些反馈，而是给学生们分发了一张表格，上面列出了社会学专家在阅读文章时会关注的要点。然后他播放了一段采访社会学家的视频，视频中社会学家们谈论了自己的工作、自己如何写作以及希望通过写作达到什么目的。接下来，教师让学生以小组为单位，不是从他们自己的角度，而是从社会学家的角度来评论自己写的文章。学生可以结合使用该表格和视频中的观点作为评论的理论支撑。

在这一过程中，社会学教师在教室里四处走动并给学生提供进一步的帮助和支持。一旦有足够的时间，教师就会向学生透露自己的反馈意见——他可能会在巡视过程中这样做——并要求他们将这些反馈意见与他们在“脱离角色”的环节中得出的意见进行比较。这个过程有两个目的。首先，该方法可以帮助学生从不同的角度看待自己的论文，并在此基础上评论自己的论文。其次，这个方法使学生有机会将他们转换角色后给出的评价与教师的评价进行比较。通过这种比较，学生可以对自己的思维进行批判性的反思，并对“一篇更好的论文应该是什么样子的”建立起认知。

例二：心理学课程。心理学教师要求学生从某个特定心理学流派的角色出发对自己撰写的作品进行评价，例如心理动力学、认知心理学或生物学方法。教师给学生们发了一张提供额外支持的信息表。表上介绍了该流派的关键思想以及该流派心理学家们关注的要点。

当学生评价了自己的作品后，教师要求他们再次审视自己的作品，但这次要使用不同的视角。例如，如果学生之前是用心理动力学的视角来评价自己的作品，那么现在他们必须使用认知心理学的概念评价自己的作品。当他们完成了任务后，心理学教师再次发给学生一些支持材料，鼓励学生比较他们这两种尝试的结果。

最后，心理学教师向全班学生提供他对作品的整体评价，然后要求学生将这个评价与学生之前做出的评价进行比较，综合二者后形成一个准确的最终评价，以反映出自己作品的优点以及一个他们需要改进的方面。

这一过程虽然有点曲折，但它有助于学生对自己的作品有一个广泛的了解。因为学生在使用两种不同角度评价自己作品的过程中得以拓展思维，并且能将自己的发现与教师的想法进行融合。把所有这些评价结合起来，学生们就能对自己的作品形成一个具体细致的评判，并在手头有大量的评价作为支持的情况下与他人进行交流。反复使用这一技巧可以帮助学生养成批判性思维的习惯。同时这也意味着学生能够在写作过程中越来越熟练地评判自己的作品。

评价知名作品

可以最大限度地减少学生对反馈的抗拒的另一种方法是让学生们评价一些知名作品，即让学生们评价正在学习的同一领域的专家或先锋者的作品。例如，一个心理学学生小组可能会评论弗洛伊德的一项研究，或者一个英语课小组可能会评估斯坦贝克（Steinbeck）的一段文摘。

这样做的目的有三点。第一，我们帮助学生看到，批评和提供反馈基本上是一个中立的过程，不附带任何道德因素。通过评价知名作品，我们发出这样的信息：我们可以评价任何作品，推而广之，对学生们自己的作品也不例外。第二，我们在知名作品和学生的作品之间建立了一种隐性的联系。虽然我们没有假定这两者是等同的，但我们在暗示创造作品的过程是相同的，即使这个创造过程的内容可能不同。比如，学生在英语课上对斯坦贝克文章的摘录进行评价，其实他们所评价的短文的创作过程与他们在课堂上学习的是一样的。第三，我们帮助学生认识到任何人——即使是在他们学习的领域取得了巨大成功的人——都可以接受评价。这是运用我们的思想和理解来分析事物的一种方式，而不是说被评价的作品永远缺乏一些东西，或我们需要将作品中的核心缺陷公之于众。虽然这看起来很夸张，但这两种观点往往是许多学生们没有表达出来的隐含观点，学生们会觉得接受反馈的过程很困难，并因此对反馈产生防御心理。

例一：英语课。英语教师在黑板上展示一篇文章，要求学生通读文章并与一名同伴讨论，然后提出评价意见。教师解释道，这篇文章是一篇原创写作的摘录，并指出学生的评价应该集中在找出两个优点和两个可以提高的地方。最后，英语教师补充说，学生们可以根据自己所发现的可提高之处，尝试重写这个摘录的部分内容。这意味着学生们应既能解释应该改进什么，又能说明改进后的效果。

一段时间过后，英语教师邀请教室里的几组学生与大家分享他们的想法，然后学生们继续开展讨论，比较他们各自的评价意见。然后，英语教师告诉学生大家一直评价的文本实际上是一个著名小说家的小说节选。这位小说家可以是乔治·奥威尔（George Orwell）、缪丽尔·斯帕克（Muriel Spark）或者是维·苏·奈保尔（V. S. Naipaul）。这时候，学生可能会有点惊讶，此时教师可以立即鼓励学生们再次思考他们刚刚做出的评价以及整个判断过程。毕竟，学生在不知不觉中评判了一篇由非常成功、备受赞誉的作家写的文章。

在活动的最后，教师让学生讨论这次活动意味着什么。教师通过微妙的引导使学生注意到评价知名作家的作品和评价自己作业的相同之处。这有助于让大家清楚地看到评价知名作品这一活动的基本目的。

例二：摄影课。摄影教师在教室里设置了一个画廊。教师在画廊的墙上贴了一些著名摄影师拍摄的照片，所有这些照片都符合学生正在学习的主题。摄影教师创建了一个学生可以用来评论照片的表格，表格里涵盖了各种摄影技术和摄影创意方面的知识点。

接下来教师让学生以小组的形式参观画廊里挂着的摄影作品——由于没有足够的空间让每个人同时上去参观。学生在参观时可以先浏览全部照片，然后从中选择一到两张准备评论的照片，接着使用教师提供的表格对其进行评论。此时，学生们对照片的拍摄者仍一无所知。

当每个学生都参观完画廊里的作品并给出评论后，摄影教师将全班学生重新分组。每组都混合有对不同照片进行评论的学生。在这个过程中，学生们互相分享他们对照片的评价，并讨论他们认为这些照片中哪些是优点，哪些是可以改进的地方。

当讨论结束后，教师展示出一张幻灯片，其中包含了画廊里部分或全部的照片。每张照片都有一个标签，说明该照片出自哪个摄影师。教师向学生依次介绍这些摄影家和其作品，并说明他们在业界的名气和地位。

这个过程可以用来作为讨论评价性质的一个跳板。我们鼓励学生反思他们所给出的评价，并思考如果他们知道了照片的摄影者的身份，他们的评价是否会有所不同。然后，教师要求学生反思他们自己对待批评和反馈的态度，反思内容包括他们能否接受“所有照片都可以得到来自任何人的评价”这个观点。

反馈检查表

教师可以使用反馈检查表来训练学生更准确地评价、改进和完善他们自己的任务。检查表可以是你给学生的工具。假以时日，学生们可能会将反馈检查表内化吸收为自己思考的一部分——他们可以在没有外界帮助的情况下运用反馈检查表。出于这个原因，我们可以把反馈检查表看作一种促进学生元认知的辅助工具。学生可以用反馈检查表来观察自己的思维并在学习过程中逐步提升和完善它。

反馈检查表列出了一系列学生在完成任务之前应该关注和检查的项目。教师可以利用自己的专业知识来制定反馈检查表中的内容，因为他们了解学生可能会忽视的东西，以及要想创造出成功的作品需要注意的方面。

例如，一位平面设计教师可能会根据学生在交出设计作品前需要注意的不同事项，制定一份反馈检查表。这样做的目的是将平面设计教师的专业知识转移到一个检查表上，将其明确下来并与学生分享。通过使用这个清单，学生逐渐熟悉表中的内容。这也就意味着学生们逐渐熟悉了平面设计教师的专业知识，假以时日，如果学生们始终保持专注并积极地参与到熟悉表格内容中去，这些专业知识就会逐渐在学生们的大脑里生根发芽。最终，如果一切顺利，学生们就可以评价自己的任务和自己的思维，而不需要借助反馈检查表了。学生们的学习质量也会随之提高，他们可以更好地控制自己的学习情况——而这都得益于教师一开始的反馈输出。

例一：平面设计课。平面设计教师创建了下面这个反馈检查表，并在课程开始时与学生分享检查表。

- 问问自己，当别人看到你的作品时，他们的第一印象会是什么。
- 问问自己，你的作品是初版还是经过不同版本修改后的成品。
- 问问自己，你会如何评价自己的设计作品，以及你是否可以在交稿前再次修改。
- 问问自己，如果只有五分钟的时间，你会如何修改你的设计作品。然后看看自己是否能完成这些修改内容。
- 问问自己，当教师第一次看到你的设计作品时，教师会怎么评价这个作品，然后决定你是否要修改自己的作品。

这个反馈检查表为学生提供了一系列可供循环使用的关键问题。它还能帮助学生培养自我评价的质疑精神和批判性思考能力，帮助学生深入思考他们如何设计作品，为什么他们会这样设计，以及这样设计带来的结果。

这样练习一段时间后，平面设计教师希望学生在完成设计之前就开始思考反馈检查表上的问题。例如，学生们可能会问自己的作品是初稿还是改进版，而不是等到最后设计完成才问。这样做的目的是让学生通过检查表获得来自教师的专业知识，从而使他们成为更好的自我评估型学生。

例二：公民权利课程。教师制定了一份学生每完成一篇较长的书面作业时都要使用的反馈表格，表格内容如下：

- 在交作业前先通读你的作品。作品是否能让人理解？作品是否表达了你想要传达的东西？如果没有做到上述两点，请大胆修改你的作品。
- 检查你的语言。其中有多少是俚语？你是否使用了足量的专业性词汇？是否忘记添加任何重要的关键词？
- 想一想你的受众。你这篇作品是写给谁看的？你所写的内容是否适合预期受众群体，或者你是否需要调整一些内容？
- 审视你的分析。你有没有进行深入分析？所有的概念你都解释过了吗？是否需要再增加几个案例或者一些额外的观点？如果你认为有必要的话，就把这些内容再添加进去。
- 看看你做出的评价。哪些评价可以变得更具有批判性？你还能用其他方式评价不同的观点和论点吗？在交作业之前，你现在是否可以补充一些东西到你的作品中去？

这份检查表有助于学生通过教师的视角来看待自己的作品。就像预先反馈一样，它帮助并鼓励学生在交出作品前对自己的作品进行批判性的反思。理想的情况是学生会在这个反思环节对自己的作品做出修改和改进。

第八章

评分策略与技巧

CHAPTER 8

本章导读

在这一章中，我们将研究一些暂未提到的评分技巧。这些评分技巧的目的是提供进阶版的策略从而来最大限度地提高教师的评分效果和效率。每种技巧后面都有解释，并列举了两个不同科目的范例，以说明如何使用该技巧，方便你了解这些技巧的使用场景。这一章是建立在本书前面的观点之上的——尤其是第二章和第三章中的观点。第二章和第三章中的观点在此处不会重复出现了，但它们是隐含在这些评分技巧背后的。

评价因素清单

当我们评判学生作业时，我们是通过教育专业视角来进行评判的，这个视角包含了和教学主题相关的不同类别的因素。例如，美术教师可能会关注绘画的原创性和绘画中线条的使用，而体育教师可能会关注体育技巧和学生对体育活动的投入程度。在评估学生的作品时，也就是在做出判断时，我们往往没有意识到自己在参考这些因素。但其实我们是在通过和它们对比来进行判断的。

这幅画是否能体现出较高的原创性？对比一下我对这个因素的现有的理解——我的专业知识——我认为，答案是否定的。因此我可以就这一方面给出一些有用的反馈。

那学生在体育课投掷标枪时是否表现出良好的投掷技术？与我的专业

理解相比，我会说学生在助跑时做得很好，但在投掷时动作不那么理想，所以我可以针对后者给予反馈。

如果我们意识到我们需要不同种类的评价因素来对学生的作业进行判断，那么我们可以将这些不同种类的评价因素列成清单来加快教师的评分过程。然后，教师可以在打分时把这个清单放在自己手边，在写教学反馈意见时参考一下清单中的内容。这就加快了反馈输出的过程，也意味着教师在决定哪些教学反馈意见能使学生受益最大时，手头总是有一系列的文件可供参考。

例一：历史课。在新学年开始时，历史教师坐下来列了两份反馈因素清单：一份是更宏观的反馈因素类别清单，其中涵盖了教师在批改任何学生的作业时要寻找的关键点；另一份则列出了基于不同年级需要关注的其他因素。历史教师把这些清单放在随手可以拿到的某个地方，每当要批改作业时就参考这些清单。具体来说，历史教师将这些清单内容作为他们设定学生学习目标的基础。首先，历史教师批阅学生写的作业，接着找出一系列的学生们的优点，然后再选择一些学生需要努力提高的部分，并以此为基础来制定一个适当的学习目标。

例二：英语课。英语教师列出了批改英国高考原创写作科目时使用的反馈因素清单。英语教师把这份清单分享给学生们，并解释说，自己将通过清单中的这些判断因素来批改作业。这样做的好处是帮助学生理解教师判作业的出发点，让学生了解什么是好的写作，以及如果学生们想要成为更好的原创作家，他们需要提高自身的哪些方面。在这一年里，英语教师对学生的写作进行评分，每次评分都集中在一两个因素上。教师把积极的和发展性的反馈与清单中的因素联系起来，这意味着学生一直在教师的鼓励下对一份成功的原创写作需要具备的内容进行反思、思考和回应。

优点汇总表

这里还有另一个可以加快教师评分速度的技巧，教师与其花时间思考学生作业所表现出的优点，还不如制作一张包含适合你所教科目的各种优点的图表。你可以在评分时参考这个图表，然后找出一个相关的优点，再把优点逐字逐句地写入教学反馈中，或者从你的图表中找出一个现有的优点，并重新修改一下，使之适用于你面前的学生作业。

构建优点汇总表有不同的方式。

方法一：你可以在今年年初的时候列出你用来判断的类别清单（这与前一个技巧有重叠之处）。这样做之后，你可以为每个类别列出5—10个关键优点，将所有的信息记录在一个电子表格或者文档中。

方法二：你可以将自己在平时教学中给出的优点反馈进行汇总整理。这种方法比第一种方法要麻烦一些，但是它的优点是你会得到一个便于使用的表格，你可以将表格中列出的优点直接复制到学生的作业本上。

无论你选择哪种方法，结果都是一样的。你最终会得到一个广泛的现成的学生作业优点汇总表，你可以将这个表应用于你所批改的作业中。这并不意味着你忽视了学生的作业，或是使用现成的优点反馈来让自己更轻松。恰恰相反，这个工作需要你提前做一些分析，想出并储存相关的学生优点。然后，你的评分重点是确定哪些已经整理好的优点适用于你正在批改的学生作业，这个方法也意味着你不必在批改作业和寻找优点之间分心。

例一：体育课。在学年开始的时候，体育老师列出了一份用于评估中考体育理论科目的包含十个类别的优点汇总表。完成这些工作后，体育教师逐一检查每个类别的优点，然后明确了本学年要在学生身上寻找的五个关键优点。然后还预留了一些地方，便于以后为每个类别添加新的优点。这种方式结合了上述两种方法。随着学期课程的推进，体育教师开始检查学生们的任务情况，并利用自己制作的优点表作为参考。在某些情况下，体育教师发现他甚至可以直接将自己定好的优点直接复制到给学生的书面反馈中。还有些情况下则需要做一些调整。优点表节省了他的时间，使他能够高效地评分。

例二：美术课。随着本学年课程的推进，美术教师把在书面反馈中提供给学生们的不同优点记录下来。他对这些优点进行了分类，逐渐形成了一个优点表。到年底时，这个学生优点表已经填满了不同的优点，涵盖了美术教师的教学内容。到了第二个学年，他收获了两大好处。首先，教师可以利用优点表大大加快评分工作——与体育课的例子一样。其次，美术教师可以与他们的学生分享部分或全部的优点表，以便帮助学生更好地理解范例应该有的样子，以及他们需要专注于哪些方面来提高他们的绘画技能。

用荧光笔批注

当我们用荧光笔批注学生们的作业时，学生的目光会立即被作业上不同颜色的荧光笔批注所吸引。这一评分形式可以帮助学生更好地理解你的反馈，或者弄清楚你的反馈指的是他们作业中的哪一部分。另一个好处是，荧光笔批注可以很快完成，而且不费吹灰之力。这种批改方式几乎不会增加你的评分工作量，甚至可能会减少一定的批改量。接下来我们看一下使用荧光笔批注学生作业的两种主要方式。

方法一：你可以用荧光笔强调学生作业的不同部分，然后在最后写下你的反馈意见，并说明不同荧光笔颜色与你所写内容之间的关系。例如，我们可能有三种颜色的荧光笔——红色、蓝色和绿色。当我们批阅一个学生写的文章时，可以用红色标注一部分，用蓝色标注一部分，用绿色标注一部分。最后，我们写一份详细的评论，概述作业中体现出学生的两个主要优点，并提出一个需要改进的地方。然后我们在旁边列出了以下内容：

第一个优点=红色荧光笔标注

第二个优点=蓝色荧光笔标注

需要改进的领域=绿色荧光笔标注

这种方法意味着学生很容易地看到你的反馈与他们作业之间的联系。这也使学生在未来可以更容易地追溯你的反馈。例如，在你给出反馈的两节课后，你可能会要求学生记得自己需要改进的地方。此时他们就可以翻阅自己的练习，迅速找到相关的页面，并立即看到绿色荧光笔标注了提醒他们需要努力改进的地方。

方法二：你可以只批注学生作业的某一部分，然后专门就此写下你的反馈。这样做的好处是，荧光笔标注使学生专注于作业中你最希望他们思考的方面。例如，我们批阅了一份六年级学生写的科学实验报告。该实验报告中大部分内容是好的，但我们也注意到有一个地方学生们没有理解教师对他们的期待。因此，教师决定最好是强调这一点，这样学生就知道下次该怎么做了。教师用荧光笔标注出相关部分，并在报告最后写上反馈。当作业被返还给学生时，他们可以迅速找到教师反馈标注的区域，然后根据我们的意见进行分析。

例一：数学课。一位数学教师用一支红笔和两支荧光笔批注学生们的作业。他用笔在正确的答案上打钩，并在作业最后写上形成性评价。他用第一支荧光笔标注学生犯的粗心的错误。也就是说，如果学生更仔细地检查他们的作业或在做作业时更注意的话，他们本可以避免这类错误。第二支荧光笔用来标注有用的错误，也就是基于错误概念或错误技术的错误。学生可以从这些错误中学到些东西。学生经过培训后了解了教师的批注方式，因此当他们收到评完分的作业后，就能够根据评分内容采取行动。

例二：社会学课。一位社会学教师向他的班级解释说，希望学生在作业中使用更多当代的例子，而且这些例子应该是相互关联、具有原创性质和能够解释清楚的。在批改学生作业时，社会学教师使用三种颜色的荧光笔。第一种颜色用来表示可以使用当代例子但没有使用的地方。第二种颜色用来表示当代例子在这里不那么适合或不那么新颖。第三种颜色表示此处的当代例子符合在课程一开始向大家强调的标准。这些批注能够让学生更好地理解返还的作业，因为他们可以轻松地进行分析，继而使他们可以快速有效地实现自己的学习目标。

评分代码

教师还可以通过使用一套评分代码迅速而准确地向学生传达信息。你可以简单地在最合适的地方记下代码，而不是在学生作业周围写下一堆评论，或者在不同的地方画线和画圈。当你把作业返还给学生时，你可以邀请他们查看不同评分代码的含义，并让他们做出任何他们认为有必要的修改，或者干脆将这些信息运用到他们下一次的作业中。

教师在制定一套评分代码时，一定要避免制定过多的代码。相反，教师要专注于创建少数几个涵盖你的评分中最有用和最重要的部分的代码。

这些代码也是会反复出现的，你应经常要求你的学生查看、纠正和改进。例如，一位英语教师可能会想出以下的评分代码：

Sp = 拼写（检查这一行中一个或多个单词的拼写。）

P = 标点符号（检查这一行中标点符号的使用。）

S = 意义（重读这句话，看这句话是否有意义。）

NP = 新段落（你需要在这里开启一个新段落。）

IU = 不正确的用法（检查你在这一行的用词。）

这里有五个代码，这五个评分代码涵盖了英语教师在批改学生作业时要看的大部分关键内容。虽然这些代码并不能覆盖所有评分内容，但也涵盖了足够多的内容，因此评分代码对学生和教师来说都很有用。在批改作业时，英语教师可以使用类似上述编码来迅速向学生传达准确的信息以加快作业批改过程。反过来，学生在拿到作业时也能根据这些信息采取行动，因为他们熟悉这些代码。我们可以看到，评分代码本质上是教师和学生之间共享的一种速记方式。

为了帮助学生记住代码的含义，你可以给学生们提供一份材料，让他们把它贴在作业的前面。在批改过几轮作业后，大多数学生会将代码内化并理解它们的含义。

使用评分代码的另一个好处是，随着时间的推移，你可以训练学生根据代码对自己的工作进行自我评估。例如，上述英语教师可能会要求学生在交作业前自己通读作业，并检查Sp、P、S、NP和IU。如果要更进一步地使用这个方法，他还可以明确希望每名学生在上交作业之前在作业中完成至少两处的修改。

例一：读写课。五年级教读写课的教师就想出了一个类似于上面的代码。他们用这个方法来帮助学生更好地了解他们在哪里犯错。在批改完学生的作业后，教师把作业返还给学生，在黑板上展示了评分代码来提醒学生们浏览并检查他们所写的内容。学生面临的挑战是，至少要改正教师所指出的一半错误。在这个过程中，学生对自己的作业拥有了掌控权，并能够对评分代码做出应对以取得进步。

例二：地理课。地理教师创建了以下代码：

T = 术语（检查你在这句话中使用的术语。）

E = 例子（反思一下你举的例子，此处是否可以用不同的例子？）

Exp = 解释（检查你的解释；解释是否足够准确，你还可以多解释一些吗？）

Ev = 评价（你还可以怎样评价这部分内容？）

地理教师用这些代码给学生的作业打分，并在结尾处加上一个高度概括的形成性评价。形成性评价集中在学生们的优点和目标上。学生拿回作业后的前十分钟，他们应仔细阅读评分标准，并根据地理教师的反馈对作业进行修改、补充和删除。地理教师会不时地给学生设置一些挑战，让他们在做作业时专注于四个代码中的一个（T、E、Exp或Ev）。这有助于学生将注意力集中在创作高质量地理作品的关键方面。

口头评分

信息技术的发展意味着你现在可以对书面作业进行口头评分。例如，有些软件可以让学生以电子方式提交他们的作业。然后，你可以阅读这些作业，并记录自己的评分。这种口头叙述给了学生一种完全不同的方式来获取教师的专业知识并吸收形成性反馈。教师在收到学生的作文后，可以把自己对作文的每一个方面的评价都进行录音，并在录音中提醒学生注意作文中的优点和需要改进的方面。

这种类型的口头评分特别有用的原因有很多。第一，学生在看自己作业的同时还可以听到教师的声音。这种双重的感官输入可以帮助学生在教师的分析和学生所做的工作之间更快地建立起联系。第二，学生可以暂停、倒回和重放你的口头反馈，他们可以以一种与书面信息不同的方式获取教学反馈。第三，记录口头反馈将其在时间和空间上固定了下来——把它变成了口头的评分。这就消除了口头语言的短暂性，意味着学生可以随时回顾这些口头反馈——这在没有使用录音的口头反馈中是不可能发生的。

使用口头评分的风险之一是，你可能会发现自己在口语输出反馈时十分啰唆。书面评语有一种纪律性，让教师尽可能把自己的反馈内容限制在三个优点和一个目标上，或者我们可能决定只为每个学生写一个段落。无论哪种方式，书面反馈的纪律性都对我们准备传达的信息量进行了限制。口头评分的内容有可能远远超过这个范围。在你意识到开始记录对学生作业的评价之前，你可能已经滔滔不绝地讲了五分钟了。

现在，五分钟可能听起来不是很长，但是，相信我，这对口头反馈来说还是有点长的。为了说明这一点，你可以去看一个时长为五分钟的视频，然后感受一下，学生在不得不听一个没有任何清晰结构的口头作业分析的感觉。

为了避免这个问题，教师应遵循几条规则。首先，为自己录制口头评分设定一个时间限制，并坚持下去。这个时间限制取决于你的学生的年龄以及在某种程度上学生作业的复杂性。然而，我总是说，少即是多。你可能会发现，30—45秒对于传达有用且有针对性的信息来说是足够的。其次，组织你的口头叙述，就像你组织书面反馈一样。例如，坚持使用三个优点和一个目标这样清晰的逻辑结构。或者从学生的作业中挑选三个要素，并依次谈论这些要素。这样你就可以给出浓缩的、信息含量丰富的口头反馈，使学生可以通过它们获得你的专业知识，并了解如何改进他们的作业。

例一：化学课。化学教师给学生布置了一系列平衡方程式的任务，并要求学生以电子方式提交他们的作业。然后教师在网上判作业，并把给学生的反馈录制下来。他决定将口头反馈的重点放在学生所犯的错误上。对于每一个错误，教师都要快速解释学生的错误所在，以及为什么会出现这种错误。通过将这些错误与正确的方程式平衡做法进行对比，教师很好地为自己的说明提供了支持性依据，并帮助学生提升了理解。这有助于学生更好地理解他们哪里出错了，以及他们做对时的原因是什么。

例二：哲学课。哲学教师给学生布置了一篇作文，这些作文通过电子方式提交到教师手中，然后哲学教师开始录制给学生的口头反馈。哲学教师决定用三个优点和一个目标的反馈结构来组织口头反馈，以确保自己不会录音一开始就喋喋不休。在叙述对论文的评分时，他们使用Word中的荧光笔功能来突出强调他们所提及的作业部分。当学生们收到来自哲学教师的反馈时，学生们既能听到教师在说什么，又能立即看到他们的作业文档。接着，哲学教师要求学生在下一篇文章中落实他们的目标并录制一段30秒的说明音频来解释自己是如何成功地实现这一目标的。

让学生决定给哪些作业评分

通常是教师决定批改哪些作业，而教师的决定常常是批改所有，或者至少是大部分的作业。虽然我们对不同作业的重视程度未必相同，但通常我们会选择批改完学生做的所有作业。不过，选择往往是一件好事。我们可能决定只给学生的某些作业打分——因为那些作业能让我们最有效地了解学生们当前的知识水平和理解能力。或者我们可以把这个问题交给学生，让他们告诉我们应该给哪些作业打分。

这种方法的目的是把责任交还给学生自己。学生必须分析自己的作业，并对教师教学反馈中最有用的地方做出自己合理的判断。我们鼓励学生们批判性地看待自己所做的作业，并区分不同的作业。

例如，学生可能在三节英语课上创作诗歌。让我们设想一下，在第三节课结束时，每个学生平均创作了五首诗歌。但英语教师不想给每个学生创作的所有五首诗都打分。部分原因在于这并不是一种有效利用教师时间的方式。因此，英语教师这样说道：在接下来的五分钟里，我想让你们看一下自己写的诗，从中挑选一首你希望我给你打分的诗。最后选择出可能是你写得最好的，或者是你觉得会得到最高分数或者会令你收获最多的一首诗。当你选择了你的诗，记得再给我写一小段话，向我解释你选择这首诗的理由，以及为什么你认为我值得给这首诗打分并给你相应的反馈。

随着教师说出这些话，课堂的动态发生了变化。学生现在处于掌控地位。他们必须有区别地看待自己的诗歌，并做出选择判断，然后向教师说明理由。反过来，英语教师发现自己也处于一个不同的位置：英语教师不再需要翻阅学生的所有诗歌作业并给它们打分——或者决定给哪些诗歌打分。相反，这个任务已经完成了。教师可以把所有的注意力集中在对学生们选好的诗给予有用且相关的反馈上。如果英语教师觉得某个学生的诗歌选择有问题，他仍然可以参考学生的其他诗作。

例一：美术课。几个星期的课程过后，学生们的素描本已经画了20多页。美术教师想把这些学生画作收上来，以便能给这些画作打分并给出一些反馈。美术教师留出了这节课的最后十分钟。学生们利用这段时间翻阅他们的素描本，并选出他们最希望教师判分并给出反馈的三幅画。学生们在选择好的页面的右上角打上小叉。教师拿着素描本，可以很快找到每个学生希望教师看的那三页画。

例二：舞蹈课。学生们把自编自演的视频做成合集并上传到学校内网上。几周后，大多数学生已经积累了一些视频作业——有些是在课上录制的，有些是在课下录制的。教师给学生布置了以下任务："浏览你们的视频合集，选择一个你想让我评分并希望我对该视频提供详细反馈的视频。"学生在下一节课上告诉教师他们的最终选择，而教师则把这些决定记下来。随后，教师观看了学生挑选出的视频并给出了详细的反馈，反馈重点是视频中体现出的优点，以及如何提高视频质量。

对目标实施情况进行评分

我们为学生设定学习目标后，理想情况是他们会自觉推进目标的落实。如果他们这样做了，那么他们就会取得进步，成绩就会有所提高。而如果他们没有这样做，那可能他们还是保持现有的学习状态，并且也不会取得太大的进步。

对学习目标实施情况进行打分是指教师评估学生在多大程度上成功实现了我们为他们设定的学习目标。我们的目的是要了解学生是否能够根据我们的反馈意见改变他们的学习。我们也能了解学生是否在实现我们设定的学习目标时有难度。如果学生觉得有难度，教师可以给学生提供进一步的支持。另外，如果学习目标看起来很容易实现，那么教师就可以考虑在今后设置更多更有难度的学习目标。

在给学生的目标实施情况打分时，时间非常关键。你必须确保学生最近完成了一项任务，并在其中尝试将你设定的学习目标付诸实践。否则，你所打的分数可能与学生目前的学习目标没有太大关系。给学生目标的实现情况打分最好遵循以下流程：

1. 布置一个作业。

2. 收到学生的作业并进行评分。提供形成性反馈，反馈中需要包含一个学习目标。

3. 把作业返还给学生。

4. 规划一项课堂活动或任务，使学生有机会实现他们的学习目标。

5. 要求学生在课堂活动或任务开始之前将他们的学习目标写在页面的最上方。

6. 收回学生完成的任务或活动。

7. 开始打分，打分重点是学生在多大程度上成功实现他们的学习目标。

请大家注意一下第5点。第5点有两个目的。第一，这样做有助于学生保持进度。如果大家的学习目标是可见的，那么他们就有可能在完成过程中时时刻刻思考他们的目标。第二，学生们把目标写在页面最上方会让教师的评分工作更容易。你不需要再翻阅学生的练习去寻找你给他们设定的学习目标，因为学生们已经写了出来，你可以直接参考它。教师可以很容易地将学生的任务完成情况与他们的学习目标进行比较，并评估学生们实现目标的程度。

在对目标实施情况进行反馈时，你可以使用传统的三个优点和一个需要改进的方面的反馈框架。或者你也可以把反馈当作一个零和游戏：学生要么已经实现了他们的目标，要么没有实现他们的目标。如果他们实现了这个目标，那你可以给他们设定一个新的目标。如果他们没有实现，你可以给学生反馈，解释发生了什么导致他们没有实现目标以及他们下次需要做出哪些改变来实现学习目标。最后一种方式是采用荧光笔标注的方法来标注出学生在哪些部分成功实现了目标，以及他们在哪些方面有所欠缺或没有实现目标。这样一来，学生就可以很清晰地看到他们的任务中哪些地方需要改进，哪些地方完成得很好。

例一：心理课。心理学教师给学生的作业打分，并给班上的每个学生设定了一个学习目标。教师要求学生们在接下来的几节课中专注于实现这个学习目标。在每节课开始的时候，他们在练习册的上方写下他们的学习目标，然后试着去实现目标。心理教师规划了一些课堂活动和任务，让学生有足够的机会去完成各自的目标。

当教师收上来学生的练习册时，会在练习册上打分并就学生是否成功地实现了他们的目标给出相应的反馈。当练习册下发到学生手里时，心理学教师带领全班进行10分钟的回应、回顾和反思活动。教师利用这段时间与整个小组讨论实现目标的技巧以及他在批改练习册时观察到的一些学习情况和趋势。

例二：读写课。六年级教师给学生布置了一个议论文写作的任务。教师把学生的作业收了上来，给作文打分并提供反馈。他给每个学生都设定了一个具体的学习目标，他们需要努力提高议论文写作的质量。当学生拿回他们的作文时，教师花了一些时间确保每个学生都理解了他们的目标——目标具体是什么以及如何实现这一目标。在下一周开始时，教师又设定一个新的议论文写作任务。教师向学生们解释，在这个过程中，学生应该专注于努力实现他们的目标。教师再次把学生的作文收上来并评分。如果学生取得了成功，教师会提出表扬，并具体解释学生做得好的地方，然后设定一个新的目标。如果学生没有成功，教师会解释他们的不足之处，并就他们下次如何改正提供一些建议。最后，学生们拿回他们的作文和反馈，并由教师带领全班同学进行反思。在这个过程中，每个人都有机会思考他们各自收到的反馈意见，得到来自教师的支持，并决定他们今后应该如何努力提高他们的写作水平。

第九章

问题类反馈范例

CHAPTER 9

本章导读

你可以把问题当作反馈的一种类型，尽管问题的作用与传统的反馈方式不同。不同的句式类型对接受反馈的学生提出了不同的要求。为了证明这一点，请思考如下两个例子：

A. 你需要更详细地阐述你的观点。试着在每次的阐述中包括至少一个例子。

B. 你需要怎样做才能更详细地阐述你的观点？举例是一种方式吗？

A是一个传统反馈的例子，B是一个以问题为形式的反馈例子。在A中，句子指示接受者以某种方式行事，A几乎就像命令一样。在B中，这些句子运用了典型的提问规则，这些语句在邀请接受者做出反应。

两者的区别十分微妙。使用问题意味着你要求学生多做一点工作。这可能是一种挑战，也可能是一种收获。在上面的例子中，A让学生清楚地了解到需要做什么。B则是暗示了类似的内容，但仍有一定程度的模糊性。这种模糊性就要求学生自己思考并做出决定，但他们也会收到来自教师的关于特定主题（具体程度）的提醒。

没有一个明确的方法来判断什么时候向学生提问是合适的。一些教师习惯以问题的形式提供教学反馈，有些教师很少这样做，还有很多教师混合使用问题反馈和传统反馈。

本章的目的是提供一些可用作反馈的范例问题，你可以用这些问题来给出反馈，或根据你的需要对这些问题进行相应修改。这都有助于你决定问题反馈是否适合你和你所教的学生，你也可以以此为起点进行试错——看看不同的学生会如何反应。

我把这些范例问题分成了十个类别。在下一章我们将展示这十种类别对应的传统反馈范例。这些类别并不详尽，但它们基本覆盖了各类科目的课程。

■ 错误类问题反馈

1. 你怎么判断这是一个错误？

2. 我们能从错误的哪些部分学到最多的东西？

3. 你认为你为什么会犯这些错误？

4. 你如何避免今后犯同样的错误？

5. 这个错误告诉你，你接下来需要怎么做？

6. 为什么你会在作业的这一部分犯错？

7. 哪些错误是最容易解决的？

8. 下次你如何避免犯类似的错误？

9. 你可以做哪些改变，以便在你交作业之前发现作业中的错误？

10. 你的作品中的这一部分（错误）是否有不同的做法？你需要做什么来改变这点？

11. 我已经确定了你作业中的三个错误。你能找到它们并告诉我为什么它们是错误的吗？

12. 你如何利用你的错误来改进你的下一份作业？

13. 你能想出一个办法来避免再犯这些错误吗？

14. 如何解释你为什么会犯这些错误？你如何能改正错误？

15. 你在哪里犯错最多？你认为这里出错最多的原因是什么？我们接下来需要做什么？

■ 过程类问题反馈

1. 如果你调整了你的计划，它会给你的学习带来什么改变？

2. 检查会带来变化吗？为什么？

3. 你经历了哪些步骤？你是否遗漏了什么步骤？

4. 如果你可以在设计上花更多时间，过程会有什么不同吗？

5. 你什么时候分心了？你能从你的作业中看出来你分心了吗？

6. 你是如何决定使用这种方法的？还有什么其他的方法可以考虑呢？

7. 你做出的最重要的决定是什么？你是如何做出这一决定的？

8. 你做事情的顺序是什么？那是最好的顺序吗？为什么？

9. 你是如何运用这个公式的？这与我的方法相比如何？

10. 你认为你错过了什么？如果你用不同的方法，还会错过这些吗？

11. 你认为问题来自何处？是来自计划吗？

12. 为什么你没有实现你的愿望？是不是有太多要考虑的事情？

13. 如果再做一次，你会采取什么不同的做法？

14. 在实验过程中，认真做笔记有多重要？为什么做笔记如此重要？

15. 如果你在这一点上多花点时间，可能会有什么不同？

■ 内容类问题反馈

1. 这里缺少什么内容？回顾一下你的笔记，然后告诉我。

2. 你为什么没能使用更多的关键词？

3. 你如何在交作业前检查信息是否正确？

4. 你在哪项研究上花的时间最少？为什么？

5. 为什么你选择只关注戏剧的一个领域？

6. 当你阅读资料时，你可以问自己哪些问题？

7. 你可以做哪三个改动使得这部分内容更详细？

8. 看一下我圈出的部分。为什么这些地方需要你再看一次？

9. 专家会如何调整这些内容，以使之变得更精准？

10. 你的答案中哪一个是最准确的？为什么其他的答案不太准确？

11. 你是按照流程来做的吗？如何证明？

12. 这一处是在阐释还是在描述观点？你还记得阐释和描述的差异吗？

13. 为什么这些例子使用得不正确？你怎样才能确保自己今后正确使用例子？

14. 在这三个论据中，哪个是最弱的？为什么？

15. 你的第二个答案比你的第一个答案好在哪里？

■ 理解类问题反馈

1. 你最不理解的是哪一处？对应着你作业的哪些地方？

2. 你如何才能提高自己对……的理解？

3. 为了更好地理解……，你接下来需要做什么？

4. 你在哪些地方的理解不正确？你能做些什么来改变现状？

5. 在开始之前，你是否了解这项任务？你下次可以做什么？

6. 你如何向我展示出更多的你所理解的内容？

7. 你可以做出什么改变，来让我更好地看到你已理解掌握的内容？

8. 你对这个公式的理解在哪里开始遇到了问题？你认为问题是为什么？

9. 在你写文章的过程中，你的理解有何变化？

10. 你是否可以在计划阶段花点时间提升理解？这可能会带来什么不同？

11. 好的理解是什么样子的？

12. 当你使用这些关键词时，你是否理解了所有你使用的关键词？

13. 哪个问题是最难理解的？你可以做些什么来进一步增进对这个问题的理解？

14. 你能告诉我哪些地方你理解得最透彻，哪些地方你最不理解吗？

15. 你现在的理解和你开始学习时一样吗？为什么一样或不一样？

■ 目标类问题反馈

1. 你在哪些方面能达到你的目标？哪些方面需要改进？

2. 专注于你的目标给你的学习带来什么变化？

3. 为了达到目标，你还可以做什么？

4. 你将如何继续实现你的目标？

5. 你在学习中能看到哪些进步？为什么在这些方面有进步了？

6. 你的目标如何改变了你学习的方式？

7. 你的学习目标给你带来了哪些不同？

8. 哪些证据能证明你实现了你的目标？为什么这些证据能够证明？

9. 现在你已经实现了目标，你是如何实现改变的呢？

10. 你对你的目标的哪部分考虑得最多？哪部分考虑得最少？

11. 你可以从尝试实现自己的目标中学到什么？

12. 你认为你的下一个目标应该是什么，为什么？

13. 你如何用一个新目标来挑战自己？

14. 你认为自己接下来可以设置一个什么样的目标？

15. 你的目标是不是太容易了？如何才能让目标更具挑战性？

■ 知识类问题反馈

1. 你学哪方面的知识时最吃力？你可以做什么来改善这一点？

2. 是否有一些你还不懂的内容，你该如何发现你的知识盲区？

3. 为什么你难以运用你的知识？你可以怎样努力？

4. 有哪些内容是你过去不知道现在知道了的？哪些是你接下来需要知道的？

5. 为什么在这里使用你的知识会有困难？

6. 你认为还有哪些知识漏洞需要弥补？

7. 你如何评价自己对各部分知识的掌握情况？

8. 你能不能在这里增加更多的细节？那会有什么不同？

9. 为什么你在开头写了很多细节，而在结尾却没有？

10. 你可以做什么来确保今后有更多的例子可以使用？

11. 你怎样才能提高你的词汇量，从而使用更多的术语？

12. 如果这个解释是错误的，你如何找出正确的解释？

13. 如果这不是最好的解释理论，你还可以去哪里找？

14. 如果这个分析不够深入，你还需要了解哪些方面的知识？

15. 如果这种比较不成功，你可能需要做哪些进一步的研究？

■ 修改/重写类问题反馈

1. 你认为哪一节最需要重新写？

2. 如何通过检查修改改进这部分内容呢？

3. 你能选择一个问题重新作答吗？为什么是这个问题？你会如何重新回答这个问题？

4. 为什么这个句子换一种写法可能会更好？

5. 如果让你校正你的计划，你会对第一部分做出哪些修改？

6. 你能告诉我该如何改写结论部分，使之更有力度吗？

7. 如果在设计阶段更加精细打磨一些，会不会最终形成更好的成品？设计阶段可以进行哪些修改？

8. 我们应该改写哪些公式？为什么？

9. 如果你不得不从头开始，你会做哪些改变？为什么会做出这些改变？

10. 你如何利用你从修改作业中学到的东西来完善你今后的作业？

11. 你能改写人物的对话，使其听起来更真实吗？

12. 为什么修改可以避免这些错误？

13. 你如何利用修改这一步骤帮助你杜绝此类问题在今后再出现？

14. 你能重写你对问题3、问题7和问题11的答案吗？并在重写时专注于应用你的目标。

15. 你能告诉我通过修改提升作品的三个要点吗？

■ 努力类问题反馈

1. 你在哪里付出了最多的努力？为什么？

2. 你在哪里付出的努力最少？这有什么影响？

3. 下次你如何能让你的努力持续更长时间？

4. 你如何判断你的努力程度？你可以做些什么来提高你的努力程度？

5. 你的努力是否一直集中在某一处？为什么？

6. 你能告诉我你在哪些方面付出了最多的努力吗？是什么促使你这样做的？

7. 为什么你的努力程度在最后下降了？你能从中学到什么？

8. 你能否用不同的方式管理你的努力程度？

9. 是什么让你难以延续你的努力？

10. 如果你付出更多努力，这项工作会有什么不同？

11. 你的努力程度从何时开始下降了？你下次可以采取什么不同的方法？

12. 为什么在做任务过程中你的努力水平忽高忽低？你可以从中学到什么？

13. 在哪些部分投入大量精力是最令人愉快的？为什么？

14. 你能解释在困难时继续努力的感觉吗？如何确保你在未来也继续这样做？

15. 如果用1—10分来评价你的努力程度，你会打几分？为什么？下次如何才能得10分呢？

■ 挑战类问题反馈

1. 下一次你会如何挑战自己？

2. 根据这项任务的性质，一个有挑战性的目标是什么样子的？

3. 任务的哪一部分最具挑战性，为什么？你能从中学到什么？

4. 当挑战难度增加时，你是如何让自己坚持下去的？下次你可以做什么？

5. 你在多大程度上控制了挑战的难度？有什么证据吗？

6. 挑战的难度对你完成任务有什么影响？

7. 你能告诉我哪部分的挑战难度太高了吗？我们可以从中学到什么？

8. 你使用了什么策略来应对挑战？将来你可以再次使用它们吗？

9. 你在实施目标时最困难的部分是什么？什么让这部分变成了挑战？

10. 什么时候你觉得挑战的难度越来越大？这说明了什么？这又告诉我们什么？

11. 你为什么会满足于较容易的挑战？你如何在未来推动自己挑战更难的任务？

12. 你是如何应对挑战的？如果采取不同的方法会更好吗？

13. 如果你要给自己设定一个更具挑战性的任务，那会是什么？为什么是它？

14. 你能解释一下目前对你来说什么是合适的挑战难度吗？

15. 当你面临真正的挑战时是什么感觉？你能否利用这一点在今后帮助自己？

■ 优点类问题反馈

1. 你能告诉我你做得好的三件事吗？

2. 你在学习上有哪些优点？

3. 你在哪里成功了——你怎么知道你成功了？

4. 你是如何在这项任务中取得进步的？

5. 为什么这是一件好的作品？

6. 你今天做得好的地方是什么？你有什么证据可以证明？

7. 你在哪里体现了你的优点？

8. 相比三周前，你现在的作业有什么改进？

9. 你今天在哪些方面做出了最大的改进？

10. 你的学习目标是如何让你表现得更好的？

11. 为什么这项任务能发挥你的优势？

12. 你是如何利用你的优点来创造一个好作品的？

13. 你的优势是在什么时候发挥出来的？为什么在那个时候能发挥出来？

14. 如果你能找出你在学习上的一个重要优点，那会是什么？为什么这个优点最重要？

15. 你认为你的作品中最令人满意的地方是哪里？

第十章

目标类反馈范例

CHAPTER 10

本章导读

在本章中，我会给大家提供150个有效的目标反馈范例。这些目标反馈对上一章中的以问题为基础的反馈进行了补充。你也可以以此为基础尝试在你的课堂上使用这些反馈。你可以直接使用它们，也可以根据你和学生的需要对这些例子进行相应调整。这里使用的分类方法与第九章中的分类一模一样，涵盖面较广，但并不是包罗万象。

在每一种类目下，目标反馈的重点都是给学生们提供明确的信息，让他们可以使用目标来指引自己未来的努力方向。通常情况下，教师会将包含目标与优点的反馈同时传递给学生。但在这里，我决定只讨论目标反馈，因为它无须结合具体的学生作业，更便于我们进行举例说明。当然我想提醒大家，所有的目标反馈都不是一成不变的，你可以根据自己的需要自由修改。但以下这些示例很好地说明了好的反馈应该是什么样的，可以作为你进一步思考的起点。

■ 错误类目标反馈

1. 注意避免我指出来的这些错误。注意你经常是在接近结尾的地方犯这个错误，所以每当这个时候要提醒自己保持专注。

2. 检查你不确定的关键词的含义，然后将其用到你的写作中。这将帮助你避免在今后的写作中误用关键词。

3. 看一看我指出的错误，以及我写在旁边修改后的内容。在你写下一个故事的时候参考这个错误例子，避免再次犯错。

4. 每次坐下来开始写作时，尽量使用我提供的错误检查清单。这可以帮助你避免再次犯同样的错误。

5. 下一次，记得既要从前往后，也要从后往前检查你的演算结果。这将有助于你发现并纠正更多的错误。

6. 注意你是怎么在后面的计算中把分母错当成了分子的。在你开始计算总数之前，请仔细检查。如果需要的话，标记一下这些易错点。

7. 当你急于求成时，你会犯更多的错误。我不介意你不能在规定时间内完成所有的任务，但我希望你能专注于尽量避免错误。

8. 看看我给出的例子。注意我是如何先描述然后再阐释的。我希望你在每次回答问题时都能按照所给例子的步骤进行回答。尽量避免只是描述而没有阐释。

9. 当你接到球的时候，你的视线就会离开球。这就是为什么你在控球方面有漏洞。你需要把注意力集中在球上，直到球到达你的手中。

10. 你的针法在缝制复杂的部分时有很多漏洞。回过头来再练习一下我们在过去几节课中学到的不同针法，然后再试一次。

11. 把我强调过的错误记下来。下一次，把这个错误清单放在你手边来提醒自己不再犯同样的错误。

12. 你写的一些句子不符合逻辑。我希望你在交稿前把你的作品读给自己听。这样你就能发现不符合逻辑的地方，并在我读之前改掉有问题的地方。

13. 看我切割木材的过程。注意一下我是如何保持切割动作的平稳的。

你能看出这和你刚才的动作有什么不同吗？下一次，你只需集中精力保持这种平稳的切割动作即可。

14. 你在这里多加了一段话，这段话实际上削弱了你的论证，而不是加强了你的论证。下一次，问问自己是否需要额外的论据，或者你添加的内容能否让你的写作更有说服力？

15. 一个好的方法是倒着检查计算的每一项。这样你就更有可能发现错误。下次做作业时试着运用这个方法。

■ 过程类目标反馈

1. 一个真正好的方法是将你的计划分成三个部分，并在完成一个部分后再继续做下一个。我希望看到你在下一次作业中尝试一下这个方法。

2. 在开始写作之前，想想你希望读者从你的故事中得到什么。然后你可以利用这一点来决定自己要写什么。

3. 如果你发现自己又遇到问题了，先不要轻言放弃。首先，尝试使用一种不同的策略来解决这个问题，然后试着询问朋友或从书中寻找答案。如果你还是做不到，再来问我。

4. 在你想要完成一个任务之前，用积极的态度看待你要做的事情。这会帮助你更接近于输出一个没有任何错误的任务。下次练习的时候你可以试试。

5. 用我给你展示的这种系统记录两次数据，这样你就能更容易地检查测量数据是否准确。

6. 在你计划好要写的内容后，考虑一下段落的先后顺序。比较一下不同的段落顺序可能会产生什么不同的结果。

7. 试着在你的写作中使用更多的描述性语言。一个技巧是提前确定一些关键词和短语，然后在你的写作中使用这些关键词和短语。

8. 注意区分分析和评论。你可以试着加入一些例子。下次在模拟考试中回答这类问题时，记得运用这些要点。

9. 下次设计时，试着问自己这些问题：我想达到什么目的？我希望最终的产品看起来如何？什么会妨碍我的设计？

10. 下次我想让你尝试一个不同的选择。看看会带来什么结果，然后告诉我你发现的不同点。

11. 一个有效的技巧是先通读完整的一页，然后总结出摘要或者列出一些关键观点。试试这个方法。

12. 在分析问题时，记得你可以重新组织问题。这样你就能更好地发挥出自己的优势。

13. 试着先找出一些难以理解的词，把它们读出来，然后再完整地朗读这些难词所在的每个句子。

14. 我希望在你的作品中看到更多的原创性。思考一下我们学习过的名著，把名著当作你的出发点，而不是你需要模仿的东西。

15. 如果你最后得到的结果貌似是错误的，请回过头来依次检查你每个步骤的计算结果。把它们分开检查会更容易发现错误。

■ 内容类目标反馈

1. 记得谨慎使用关键词。我希望看到你在交作业前检查你的关键词使用情况。

2. 我很高兴你尝试使用了我们所学到的新方法。把你使用这个方法写的内容和我写的例子进行对比，下次我希望你能试试我的这种方式。

3. 用例子来解释我们所学的一些新观点。这将有助于你更好地理解它们，也是在告诉我你理解了这些观点。

4. 你的解释不够详细。可以试着将信息分成不同的部分，并依次解释每一部分。

5. 从你的作业中我可以看出，你把本课的第一部分内容已经记熟了。复习一下我们在第二节课讲的内容，我期待看到你对这部分材料也表现出相同的熟悉程度。

6. 分析资料的一个好办法是将其与你现有的知识进行比较。这样你就可以确定哪些部分是最可信的，以及哪些部分可能需要更深入的思考或者研究。

7. 在开始写作之前多阅读，这可以帮助你提高作文中的细节描述水平并使你在作文中有更多可表达的信息和想法。

8. 我已经看到你在几篇作文中都使用相同的想法了。希望在下一篇作文中，你能把我们正在学的一些新内容写进去。

9. 你不需要在每个问题的答案中都包含所有内容。你需要仔细阅读问题，然后选出你认为最重要的信息。我们可以在下次完成作业后对你做出的选择进行讨论。

10. 尽量在你的作文中加入更多种类的关键词。这能使文章显得内容丰富，也意味着你能够表达出更多的信息。

11. 这个关键词有重要的专业含义。它的专业含义与你在这里的用法不一样。你再看看它的专业含义，看看下次你是否能更加准确地使用这个关键词。

12. 对于我们在过去三周所学习的每个观点，看看你能否针对每个观点想出两个真正能证明观点的例子。把这些例子记下来，然后准备好在未来的任务中使用这些例子。

13. 我希望你能试着用不同的方式来解释这个关键看法。比如你可以试着解释它与你对话题已知内容的联系。

14. 你要练习在写作中包含更多细节，可以试着在每个段落中插入两个关键信息。你需要在写作开始前构思你要使用到的两个关键信息分别是什么。

15. 你还可以更准确地解释这些内容。看一下你对电磁学的解释，尽量多使用专业术语，减少日常用语。

■ 理解类目标反馈

1. 通过向我展示你已经知道的信息来证明你理解我们的课堂内容了。你的作文中有太多直接复制的内容了。对知识的透彻理解意味着你需要将想法转变为自己的文字。

2. 通过列举与课堂内容相关的例子来证明你理解了课堂内容。这会让你的作业更具有针对性，也能让我看到你的理解已经足够透彻了。

3. 在第三个问题中，你可以通过提供更多的细节来提高你的成绩，更多的细节也意味着你完全理解了这些观点。我希望你在下一份作业中能够采用这种方法。

4. 你在文章中得出的结论让人觉得这个发现过于绝对了。我认为可探讨的东西还有很多。再读读你的文章，做一些修改，向我展示出更多的可能性。

5. 你需要完整地解释你的答案——包括过程。如果我没有看到思考的过程，那么我就不能确定你是否完全理解知识点。你需要把你大脑里的想法和过程落实到纸上，然后展示给我看。

6. 这里有几处地方偏离了你的主题。只有一直专注在这个主题上，你才能展示出你对它的全部理解。下一次，要提醒自己这一点，保持专注，不要偏离主题。

7. 瞧瞧你的作品！这个任务完成得很好，但没有我期待的那样深入透彻。我知道你能更深入地表达观点。挑选其中一个部分，把你的所有理解都写进去——向我展示你真正知道的知识点！

8. 我认为你可以调查研究一下论述相反观点的材料，来拓宽你对克里米亚战争的理解。看看这样做后你是否能进一步提出你自己的见解。

9. 我希望你能给我一个明确的结论，而不是列举很多观点。你对这个题目是怎么思考的？你需要给我展示一个更有意义的论证来证明你理解这个题目了。

10. 我认为这份作业表明你的理解中存在一些漏洞。看看我标出的地方，并列出哪些知识点需要你继续重温。

11. 将你的视频与我制作的视频进行比较。看看你能不能找出我们对作品要求的理解有什么不同。我希望你用你对比得出的不同点来提高你的视频质量。

12. 你要向我证明你真的了解微积分。你可以自己决定通过什么来证明，但我希望你在证明时，专注于表述微积分的用途、用法以及它的重要性。

13. 我认为有两到三件事可以更好地证明你理解了这个知识点。你可以看一下我列出的清单，然后决定你下次要完成哪些内容。

14. 在你开始下一项任务之前，我希望你能思考一下你对每个数据了解多少。如果你发现一个自己不太了解的数据，你可以在任务开始前和我讨论一下。

15. 你需要加入更多的观点和信息来向我表明你完全理解我们之前讨论的内容。如果你拿不准该如何做，刚开始可以从少量的信息开始，然后来和我一起讨论。

■ 目标类目标反馈

1. 看一下你的上一个目标。我认为你已经接近于实现该目标了，但还有一点工作要做。我希望你在完成下一项任务时回顾一下你的目标。要持续提醒自己目标是什么，这有助于你保持在正轨上。

2. 你肯定已经成功地实现了你的学习目标。我希望你能继续保持——向我证明你已经真正掌握了这个知识点。

3. 在这篇作业中，你并没有完全将你的目标付诸实践。我希望你能再试一次。看一下我圈出的地方，我们看看下次你能否避免犯同样的错误。

4. 在第一组问题中，你已经很完美地实现了你的学习目标。在第二组问题中，你有些偏离学习重点了。我希望下一次交作业前，你可以专注地先进行一个自我评估。带着你的学习目标去审视你的作业完成情况。

5. 我认为你现在应该自己设定学习目标，因为你已经成功实现了我给你设定的学习目标。现在你需要自己决定下一个你可以达成的目标。

6. 那个学习目标对你来说显然不够有挑战性。你的新学习目标就是，当我们所做的任何工作难度不够时，你需要告诉我，然后我可以帮助你增加难度。

7. 继续练习应用你的学习目标。我可以看到你的作业有明显的提升。多练习才会令你更接近成功。在练习时，想想你的学习目标和你要实现的效果。

8. 看看我用荧光笔标注出的地方。这部分是最需要提升的。我希望你能选择这部分中的一道题目重做，并试着更加靠近你的学习目标。

9. 比较最后一项任务和你几个月前完成的任务，你会发现，通过专注于你的学习目标，你有了很大的提升。因此你需要设定新的学习目标以延续这种专注状态。

10. 在开始任务之前，在页面顶部写下你的学习目标。在任务进行到一半后回过头来看看页面顶端的目标，提醒自己要达到的目标。

11. 你在完成目标上有点不太稳定。有时你的目标很明确，有时又有点偏离目标。我希望你能在每个问题上始终如一地朝着你的目标前进。

12. 我看到你在练习长传时已经真正掌握了你目标中的技术要求。现在我希望看到你在比赛中——随着比赛中压力的增加，也能专注于保持长传的质量。

13. 我会把你原本设定的目标变得更为复杂。我希望你在作品中表现至少三个不同的元素，并且元素与元素之间要用不同的过渡方式。

14. 现在你已经开始将你的学习目标付诸实践，我希望你在交作业前对自己的作业做一个评判，看看作业中的哪些地方体现出你已真正实现了目标，哪些部分显示你离目标还有一定的差距。

15. 选择你作业中的一个部分，按照你设定的新目标重做选定的部分。完成后，告诉我新作业和之前版本的不同之处以及为什么新作业更好。

■ 知识类目标反馈

1. 在你的作业中增加更多的细节，完整地解释你的想法。我希望看到你完全清楚自己在说什么。如果不确定，你就需要多做一些额外的研究。

2. 在谈论关键看法时，你需要探讨得更加深入一些。比如说，你可以展示这些关键看法在不同情况下的含义，以及这些看法之间的联系。

3. 举例说明你已知的观点是如何与现实世界相联系的。例如，你可以谈一谈如何将电磁学知识运用于核磁共振仪。

4. 我希望你今后能更加专注于这个主题。你对知识的涉猎之广给我留下了深刻的印象，但要确保你把这些知识带回到主题上，并说明这些知识与主题是如何关联的。

5. 并非所有你调用的知识都是与问题相关的。请看一下我所强调的问题。在这些问题中，你可以使用更合适的知识。因此你需要重新审视这些问题，看看你是否能用不同的方式回答问题。

6. 你对关键术语的使用情况不一致。请看看你是如何使用“民主”一词的。重写那些有问题的句子，然后告诉我有什么不同。

7. 多使用技术性语言是好的，这表明你对这个话题有着广泛的知识。下次你可以试着把术语表放在手边，在写报告时作为参考。

8. 我认为你更依赖你去年所学的内容。下一次请在作业中加入更多我们今年所学的内容。即使犯错也不要担心——因为你可以从错误中学习。

9. 我用荧光笔标注出来的部分是一些不适合本题的知识。虽然这些内容没问题，但并没有加强你的论证。看看你能不能想到一些更好的办法来强化论证，然后叫上我，我们一起讨论。

10. 在你使用的不同想法之间建立联系。比如说，你可以说明移民是如何影响政府投资的地区以及政府的投资方式的。

11. 用例子和关键词来说明你的想法。用例子和关键词来解释你的想法的具体含义，以及你的想法如何与主题相联系。

12. 你的一些答案过于含糊。在这个单元中，我们需要非常谨慎地使用知识，你需要重写你对第3、8、10、14题的答案。你的表达应该更加具体和准确。

13. 你没有用你学到的知识来回答问题，而是回答了一个不同的问题。下一次，先列出你知道的知识点，然后思考这些知识点与问题的关系。这样你就不会跑题。

14. 你的模拟考试表明你在力和电的知识方面有很大的漏洞。但这没关系，因为这就是模拟考试的意义——帮你发现漏洞！你的任务是重新回顾、复习这些内容。做出复习卡片，带着它们来找我，我们一起再过一遍。

15. 我想让你练习这些问题。在每一道题上，你需要仔细思考哪些知识点是最重要的，然后把这些你认为重要的知识点当作你写作的重点。

■ 修改/重写类目标反馈

1. 我在你的作业中画出了一些你自己可以修改的部分。下次提醒自己在交作业前先将全部内容自查和修改一遍。

2. 在你作业的三个部分中，我认为第三部分最需要修改。第三部分不像其他部分那样详细。试着修改第三部分，让我看看你会如何修改它来使之更好。

3. 总的来说，我认为这篇文章很好，但与开头和结尾相比，故事的中间部分显得有些滞后，开头和结尾则很有节奏感。在故事的中间部分选择一段进行重写，使其与开头和结尾的感觉更接近。

4. 你的目标是充分解释每个想法。这就意味着你要少分享一些想法，但要对每个想法进行更详细的说明。试着根据这个学习目标改写你文章的前半部分，使之符合这个目标。

5. 我希望你在下次交作业之前使用修改检查表对你的作业先进行自查：拼写、标点符号和含义。首先检查你的拼写，然后检查你的标点符号，最后再检查你写的所有句子的含义是否符合逻辑和说得通。

6. 带着下面这些问题重新回答题目：我的答案切题吗？我是如何选择我要用的信息的？还能表达得更准确一些吗？重做后再来找我，并且告诉我这次的不同之处。

7. 选择三个句子进行修改。我希望你选择那些可以表达得更清晰的句子进行重写。就在原句下面写出新句子，并且告诉我新句子好在哪里。

8. 你在不同地方以不同的方式使用了一些关键词。请看一下，修改其中你认为不对的地方。你改完后我再看一下，然后我们可以讨论一下你的修改内容。

9. 下次我希望看到更多的例子。使用更多的例子意味着你在向我证明，你是在认真思考这个话题。现在，你需要选择一个段落重写，并在段落中加入一个不同的例子。

10. 你的结论显得很平淡。再通读一下你的文章。文章全文是充满了批判性思维的，所以你需要对你的结论进行修改，使之体现出和正文中一样的批判性程度。

11. 重新调整你写的代码，删除那些我突出显示的部分。思考一下为什么你写的那些会产生系统问题，并且准备好跟我说明一下，下次你会做出哪些改变。

12. 你肯定可以用更少的字解释同样的事情。修改你的答案，使其更简洁，同时保留相同的意思。

13. 你的故事中没有运用足够的信息说明你在夏天做了什么。我想让你重写关于你的假期的那部分。告诉我更多你的夏日假期的信息，包括你去了哪里，感觉如何，以及你喜欢什么。

14. 你在文章中所使用的语言让人感觉你是在给一个朋友写信。想象一下，你的读者是一群专业的科学家。思考你的目标读者，然后重写你的发现和结论部分。

15. 这里的关键是明确性。我希望你尽可能明确地告诉我你的想法。回过头来修改你的表达，直到你能够更加清晰明了地把想法呈现出来。不要担心犯错，错误能够帮助你把事情做对。

■ 努力类目标反馈

1. 我认为你的努力程度随着任务难度的增加有所下降。我希望你能专注于维持你的努力程度。即使是在困难的时候，也要提醒自己一定要坚持下去。

2. 你的回答有些地方离题了，要专注于回答这个问题。作答时要随时查看答案是否切题，如果没有，那要回到这个题目上。

3. 有时你在课堂上真的很努力，但有时你会有点分心。我希望看到你在所有时间都能一直保持良好的努力程度。试试看你是否能在接下来的几节课中做到这一点。

4. 当你遇到挑战时，好的做法是你要更努力地面对挑战，而不是在挑战面前表现得畏手畏脚。你付出的额外努力会帮助你分解挑战，并找到战胜它的方法。

5. 将你的努力集中在更多的试验和错误上。如果你不确定如何做某事，请尝试使用一些不同的做法，看看会发生什么。利用从错误中得到的信息来改变你做事的方法，直到你找到可行的方法。

6. 我希望你能对自己的努力有一个更好的判断。找出一件你在其中付出了最多努力的任务，并以此为参照来判断你今后的努力程度。

7. 在这样的活动中，监督自己的努力是很重要的。下一次，注意你付出了多少努力，以及你在何时、何地和因为何种原因松懈了。

8. 专注于应用你的学习目标是一个很好的方法，它可以让你投入的努力得到最大回报。当我给你设置下一个学习目标后，我希望你把它写在书本某一页的顶部，并在那一堂课上朝着它努力。

9. 看一下我用荧光笔标注出的两份作业。第一份作业凸显了非常高的努力程度，第二份作业则显示了相当低的努力水平。你需要提醒自己你为第一份作业所付出的努力，并尝试在下一份作业中多努力一点。

10. 如果你遇到困难，不要放弃或等着课程继续往下进行，你应该做的是把遇到的困难告诉我。这样我就可以帮助你重新确定努力方向，从学习中获益更多。

11. 回答以下三个问题，它们有助于评估你在执行任务时的努力程度：我的思绪是否飘忽不定？我是否在思考如何才能获得成功？我是否需要任何帮助或支持以便更专注地努力？

12. 看看你以前做的作业，再看看你现在完成的作业，你会发现付出更多努力后所带来的变化。希望你以此为动力，继续保持。

13. 你可以通过分解任务和集中精力来提高你的努力程度。每次只做一件事。这样你的大脑也不会处于超负荷工作的状态。

14. 控制分心的一个好办法就是把你最常遇到的分心问题列成清单，然后在每节课开始时提醒自己。这将有助于你发现令你分心的事物并专注于课堂内容。

15. 下次你可以尝试用突然发力的方式。与其在整场比赛中跑来跑去，不如先保持你目前的位置，然后当时机成熟时，再突然发力来影响比赛的走向。

■ 挑战类目标反馈

1. 挑战完成所有的拓展任务。你绝对有能力去完成这些任务，这将有助于你真正提高自己的学习能力。

2. 确定一个你想在未来几周内接受的挑战。你选择的挑战应与我们的主题有关，告诉我为什么你认为这是一个挑战，以及你将如何应对该挑战。

3. 通过先尝试较难的问题来挑战自己。花更多的时间在这些较难的问题上，然后如果你还有时间，再用剩余时间来快速完成较容易的问题。

4. 当挑战难度太低时要告诉我。如果我不知道，那就没法让你的学习更具挑战性。我想确保任务的挑战性以激发你的潜力!

5. 如果你偶尔感到任务有难度，这通常表明挑战的难度是刚好合适的。下次你再遇到问题时，请来找我，我们可以一起讨论一下你遇到的问题、它的难点以及如何克服它。

6. 我希望你能把挑战看作一件积极的事情。下次你面临挑战时，问问自己可能会从挑战中学到什么，并提醒自己尝试不同的策略来应对挑战。

7. 将你在面对挑战时可使用的不同策略列成清单，并交给我看一下这个清单，然后我们针对这些内容进行讨论。这样你就可以在下次面临挑战时使用这些清单中的策略。

8. 下次遇到困难时，尝试使用试错法，即尝试用不同的方法来解决困难。观察不同的解决方式会带来什么结果，并不断调整你的方法，直到你成功高效地解决了该困难。

9. 你的目标是在每一堂课上都要寻找新挑战。比如努力尝试极限，或者要求我提高你的任务的难度。你要自己掌控挑战的难度。

10. 我希望你每节课至少犯两个错误，或者至少遇到一个问题。这代表着你正在扩展自己的能力，你的思维正在受到挑战。如果你课上到一半，还没有犯错或遇到任何问题，请告诉我。

11. 从我批改的作业中挑出一处，告诉我如何提高这部分的难度。然后，试着重新完成挑出来的那部分，让你的回答符合这个新的难度标准。

12. 我希望在你的答案中看到更多的评价。告诉我什么是好的，什么是坏的；什么有用，什么没用。这能向我证明你真的在挑战自己并且进行批判性思考。

13. 原创也是一种挑战——我希望你能接受这个挑战。不要一味模仿我们学过的作品，把原创性作为一个出发点来思考你自己的想法。

14. 你可以通过更广泛的阅读来挑战自己。看一下我写的书单。我们不会在课堂上阅读这些书，但我认为你真的会从这些书中受益。从中选一本开始阅读吧。

15. 我想你已经掌握了发球技巧。现在我想看到你通过练习在球场的特定区域发球来挑战自己的发球技能。

■ 优点类目标反馈

1. 要多发挥你的长处。你在辩论中的发言真的很厉害，所以在开始写作之前试着把你的想法说出来。这会让你在文章中更容易表达出你想说的东西。

2. 希望你继续对量子力学方面的学习和探究。在过去的几周里，你对这个问题的理解令我印象深刻。继续钻研，你会对量子力学有更深入的理解。

3. 不要满足于自己的成就。取得这么高的成绩很容易让人松懈。我希望你能考虑如何将你的优势进一步发挥出来。并且告诉我，我能做些什么来帮助你进一步发挥你的优势。

4. 试着利用你在听力方面的优势来帮助你提高口语水平。仔细听一些专业演讲者的演讲，找出你可以从他们身上借鉴的东西。

5. 你对关键观点的描述能力很好——我可以从你的作文中看到这一点。现在，我希望你的描述更加细致入微。想一想，你如何能在描述中增加一些层次感。

6. 你在回答6分的问题方面真的很强。把你回答6分问题的方法应用到12分的问题上。你可能需要做出一些调整，但我认为这将有助于你能力的提高。

7. 告诉我为什么这是一件优秀的作品。我希望你真正理解了为什么它是一件好的作品以及你为此发挥出了自己的哪些特长。然后，我想再听你讲一讲今后会如何继续利用自己的这一特长。

8. 故事的开头表现出很强的想象力，但结尾处就没有这么强的想象力了。我希望你在整个写作过程中专注于发挥这一优势。你可以每写完几段，就提醒一下自己注意这一点。

9. 我认为今天没有看到你最好的运球表现。你又回到了之前的习惯，总是想要过掉旁边的球员。要将你在运球上的长处和达到运球目标二者结合起来。

10. 看一下你的上一篇作业和我刚刚判完的作业。你能看出其中的差别吗？我认为你已经实现了你的上一个学习目标，并将其转化为你的长处，但是在最近的作业中你常常会忘记它。下一次，要记得始终保持这个标准。

11. 我希望你在交作业前先找出你作业中的优点。然后我们可以讨论看看我们的想法是否一致。这将有助于你更好地了解你目前的学习情况和你未来的发展。

12. 下次尝试改变一下你的方法。我知道你已经非常熟练地掌握了这种风格的用法，但现在我希望你也能在其他方面逐渐建立优势。

13. 挑战自己，不断提高自己的作曲能力。例如，你可以尝试写一个更复杂的旋律，或者想出一个原创的和弦。

14. 利用你对当地的了解，在你的报告中提供更多的细节和信息，从而发挥你现有的优势。想一想你可以提供哪些细节和信息。

15. 列一份你的长处清单，然后下一次交作业后向我说明一下你是如何把它们应用到你的作业中的。你做作业的时候可以跟我进行讨论，把你注意到的一些事情告诉我。

第十一章

寻找适合你和学生的反馈与评价方法

CHAPTER 11

反馈和评价是每个教师工作的一个基本特征。反馈让学生了解你的专业知识。反馈是你让学生了解他们做得好的地方和他们可以改进的地方的方式。没有反馈，课堂就会变得稀松平常，学生们的学习情况也会受到影响。评分使你能够获得丰富的学生学习情况信息，这些信息包括学生对知识的掌握情况、对知识的理解以及学习上取得的进步。你可以利用这些信息来支持你的教学判断和教学反馈。

你不应该低估你作为教师的专业知识和在你的课堂上引导学生学习的重要性。学生们是新手。他们在教室里是为了学习和发展。而你是教师，有一定的教学技能，知识渊博，见多识广。这些能力组合使你能够成为一名教师，并将你与你的学生们区分开来。正是依靠这些积累的专业知识和技能，你能够批改学生的作业并且给予他们教学反馈。在一整个学年中，你不断地将专业知识和技能传授给学生们，使他们可以从中受益，并通过他们自己的努力和实践，使之变成自己的专业知识和技能。

反馈和评分都是很好的方式，但如果学生们没有时间对从你那里获得的信息采取任何行动，那么反馈和评分的积极影响就可能会消失不见。如果学生没有专门的时间来思考自己的学习目标、与同伴讨论学习目标并尝试实现这些目标，学生不免会感觉被淹没在了学校所教的知识中，并最终迷失自己的学习目标。

教师有很多方法可以确保学生有时间阅读反馈和评分并据之采取相应的行动。关键是要找到一种适合你和你的学生的方法。通过在教学任务和教学活动中定期利用口头反馈的形式，你能提供给学生很多机会，让他们在当下就能运用你传授的专业知识和技能。

本书包含了大量的策略和技巧，你可以采用这些策略和技巧来改善和提高你的教学反馈和评价。当然，这些策略、技巧内容太多了。最好是能选择一些真正与你和你的教学方式相吻合的策略。你可以运用这些策略，或调整策略从而使之适应你的教学风格。坚持几个月，你可以分析这些策略对学生们的学习、动力和进步的影响。然后你再决定是要坚持使用这些策略、修改策略还是尝试一些其他方法。换句话说，我们作为教师，也不要害怕做一些试验和犯错误，只要能找到最适合你的教学方法就可以。

归根结底，有许多方法可以使教学反馈和评价更有效。而本书的核心议题一定是不证自明的：让学生获得你的专业知识和技能，给学生时间，让他们能够根据这些专业知识和技能采取自主学习的行动，为他们提供支持使其可以有效地进行这样的行动，并将打分作为一种获得学生学习情况足量信息的方式。了解学生目前所处的学习阶段。牢记这些主题会帮助你在教学上取得成功、帮助学生提高成绩并使你能够对学生和其学习施以持续、积极的影响。祝愿大家在这些方面能够一切顺利。